中公文庫

高度成長

日本を変えた六〇〇〇日

吉川　洋

中央公論新社

はじめに

「高度成長」という言葉も、今では過去の言葉になった。日本人の十人のうち四人は、高度成長の終焉《しゅうえん》した後に生まれている。彼らにとって、この時代が「昔話」であることは言うまでもない。しかし、実際に高度成長を経験した人々にとってすら、あの時代はもはやセピア色の「歴史」となった。

朝鮮戦争（一九五〇年勃発、休戦協定は五三年）が終わった後、一九五〇年代の中ごろから七〇年代初頭にかけて、およそ十数年間、日本経済は平均で一〇パーセントという未曽有の経済成長を経験した。この「高度成長」により、日本経済、日本の社会はすっかり姿を変えた。この間の変化があまりに大きかったため、今では高度成長以前の日本がどのような国であったのか、想像することすら難しい。

時計の針を戻して一九五〇年（昭和25）の日本を振り返ってみよう。この年日本の就業者の四八パーセントは、農業・林業・漁業など「一次産業」に従事していた。つまり働いている日本人のほぼ二人に一人は「農民」であったわけだ。高校に進学する女子は三人に一人、男子も二人に一人は中学を出ると働き始めた。当時の為替レート一ドル＝三百六十円の下で、一人当たりの国民所得は百二十四ドル、アメリカの十四分の一にすぎなかった。平均寿命（出生時の平均余命）は、男五十八歳、女六十一・五歳である。

それから二十年、高度成長が終焉した一九七〇年（昭和45）になると、一次産業に従事する就業者の比率は、一九パーセントまで低下している。逆に「雇用者」の比率は、六四パーセントまで上昇した。二十年間で、働く日本人三人のうち二人は「サラリーマン」になった。高校進学率は八〇パーセントを超え、しかも男女の格差が解消した。一人当たりの国民所得もアメリカの四割ほど、二十年前の十四分の一からすれば信じられないような成長であった。そしてイギリスよりも短かった平均寿命は、男六十九・三歳、女七十四・七歳と二十年で十歳以上も延び、世界のトップ・レベルとなった。

今や一九七〇年からも四十年以上の時が流れた。この間に、日本の経済も社会もさらに変わった。しかしながら高度成長がもたらした変化に比べれば、七〇年代以降の変化ははるかに小さい。今日われわれが、日本の経済・社会として了解するもの、あるいは現代日本人をとりまく基本的な生活パターンは、いずれも高度成長期に形づくられたのである。高度成長は誇張でなく、日本という国を根本から変えた。

われわれは歴史で平安時代、鎌倉時代、江戸時代などという言葉を用いる。それぞれの「時代」は、政治・経済・社会が著しく異なることに対応しているわけだが、高度成長はまさにこうした時代区分に匹敵するほどの大きな変化を日本の経済・社会にもたらした。これほど大きな変化が、「昭和」という一つの元号の三分の一にも満たない短い期間、わずか六〇〇〇日の間に生じたことは、考えてみれば驚くべきことである。

一九五〇年代初頭の日本は、今からみれば何ともつつましく、古色蒼然とした社会だった。もしも現代の若者がそこに迷い込んだとしたら、まるで映画のセットでも見るかのような面持ちで、これは一体どこの国かと思うことだろう。そして貧しい国だと思うに違いない。

たしかに高度成長はわれわれにありとあらゆる物質的な「果実」をもたらした。しかしその一方でわれわれが失ったものも大きい。今の日本が高度成長以前の日本に比べて豊かで良い国だとは誰も断言できない。例えば文学者吉田健一の手にかかればこうだ。

昔はよかつたといふ言ひ方が曲《くせ》ものなのである。どのやうな時代にもどこかいい所がある筈でそれが時代が変つてなくなればそのよさだけを取り上げてそれがあつた時代はよかつたと一応は言へる。併し一つの時代とともになくなるのはそのよさだけでなくてただそれがあつたといふだけで昔を懐しがるのは多くの場合当を得てゐない。尤《もつと》もこれは後の時代にもその長所と認められるものが大概はあるからで今の東京と昔の東京といふやうにその優劣が余りにも明かである時は昔の東京はよかつたといふのが必ずしも懐古の情からだけで言つてゐることではないとも考へられる。昔の東京の方が文明の町で今日の東京よりも遥かによかつたのは間違ひないことであらう。併しもう一つこの昔はよかつたといふ見方にはそれと比べて現在は駄目だといふ一種の無差別の否定が含まれてゐてもしそれに従つて今日の東京を駄目な町と認めるならば東京の人間は駄目な町に今日住んでゐることになる。（吉田健一「東京の町」、『青春と読書』一九七四年十月号）

「文明の町」を失ったと言う吉田健一の言葉には反駁《はんばく》できるかもしれない。しかし、二十年足らずの高度成長とともに、環境破壊は歴史上類例を見ないほどに加速した。

人類をその誕生から育《はぐく》んでくれた自然を、われわれは取り返しのつかないまでに傷つけてしまった。こうした環境破壊の現実は誰の目にも明らかである。高度成長とは畢竟《ひっきょう》メフィストフェレスの仕掛けた巧妙な落とし穴だったのか。この本では、歴史上の一大ジャンプとでも呼びうる高度成長の時代の足跡を振り返り、それがわれわれ日本人にもたらしたものは一体何であったのか考えてみることにしよう。

高度成長　日本を変えた六〇〇〇日　◉目次

◉目次

はじめに……3
第一章　今や昔――高度成長直前の日本……15
第二章　テレビがきた！……43
第三章　技術革新と企業経営……73
第四章　民族大移動……101
第五章　高度成長のメカニズム……129

第六章 右と左……157
第七章 成長の光と影――寿命と公害……185
おわりに――経済成長とは何だろうか……211
あとがき……223
経済成長とは何だろうか再論――文庫版あとがき……225
解 説――鮮やかに描かれた高度成長の「空気」 安田洋祐……235
文献案内……248
関連年表……262
索 引……269

高度成長

日本を変えた六〇〇〇日

第一章

今や昔——高度成長直前の日本

木村伊兵衛《学生結婚》

◉戦争直後の混乱

日本は一九四五年（昭和20）八月の敗戦によって大きく変わった。もちろん歴史には「断絶性」と並んで必ず「連続性」も見いだされる。したがって現代日本の出発点を江戸時代に求めることも、やろうと思えばさしたる不自然さなしにできる。しかし冷蔵庫・洗濯機など耐久消費財の普及を柱とする高度成長は、戦後の「民主化」という一連の制度改革なしには不可能であった。明らかに高度成長は戦後の所産である。

もっとも法律や経済の仕組みが大きく変わったからといって、人々の生活もそれに合わせて直ちに変わるというわけにはいかない。高度成長直前の人々の暮らしや街の風景は、これから詳しくみるとおり、「アンシャン・レジーム」との繋《つな》がりを色濃く残していた。それどころではない。人々の暮らしということからすれば、戦争により大きく退歩したところから戦後は出発した。

敗戦の翌年、一九四六年のGNP（国民総生産。今日では国内総生産GDPが用いられているが、本書を読む上では両者の違いは無視して差支えない）は、戦前のピーク一九三八年（昭和13）の二分の一に低下した。戦争中に多くの工場・機械が破壊されたことに加えて、原材料の輸入が途絶したからである。鉄鋼の生産に至っては、何と戦前の七パーセントという惨憺《さんたん》たる水準まで落ち込んでいる。人々が厳しい生活を強いられたことは容易に想像がつくだろう。戦前一人当たり二千二百キロカロリーであった食品摂取量は、終戦直後には千五百キロカロリーにも満たない水準に落ちた。

表1　国民体位の低下（都市の小学生・男子）

	年	1年生	2年生	3年生	4年生	5年生	6年生
身長	1937	110.3	116.4	120.3	125.5	130.5	134.7
(cm)	1946	107.0	111.9	116.9	121.0	125.6	129.9
体重	1937	18.4	20.4	22.5	24.7	27.2	29.8
(kg)	1946	17.6	19.6	21.3	23.3	25.2	27.5

（出所）経済安定本部『経済実相報告書』（1947）〔経済白書〕

『経済実相報告書』というタイトルで一九四七年七月に発表された第一回「経済白書」は、「国民体位の低下」を**表1**のように記している。戦争をはさんで、小学生の身長や体重は戦前と比べてちょうど一年分「退化」してしまった。

こうした中で戦後の諸改革――新憲法の公布、農地改革、財閥解体、労働改革、家制度解体などが進められていった。戦後改革がどれほどドラスティックなものであったか。それを知るには、旧《ふる》い制度の例を挙げるのが一番わかりやすいだろう。例えば古い家制度（民法）の下では、「戸主」は家族の「居所」（住所）を指定する権利を持っていた。また三十五歳までの家族の結婚相手を決める（あるいは結婚を認めない）権利も持っていた。妻は、未成年者と同じように法的な「無能力者」とされていた。「戸主」に絶大な権力を与えるこうした法律に基づく社会は、現在のわれわれにはほとんど理解できないような世界である。多くの日本人は、戦後の諸改革を青空のような開放感とともに受け入れたに違いない。

もっとも戦後改革は経済の復興ということからすれば「特効薬」ではなかった。なんとか回復していったといっても、朝鮮戦争による「特需」のあった一九五一年（昭和26）ですら、まだGNPは戦前のピークを一五パーセントほど下回っていたのである。

終戦直後の混乱期（一九四五〜五〇年）を「混乱期」たらしめたものは、物の欠乏と並行して生じたインフレーションであった。物価は四五年から五〇年にかけて、わずか五年間で七十倍になった。「七十倍」というのはあくまでも政府が決めた「公定価格」の上の話であって、「ヤミ市場」における実際の価格はこれよりもはるかに高かった。ヤミ市場が隆盛していた四六〜四七年には、ヤミ価格は公定価格の五〜七倍であったと推定されている。

激しいインフレはいくつかの経路を通して日本の社会に大きな影響を与えた。四六年（昭和21）二月「金融緊急措置」によりすべての「お金」を銀行に預金することが義務づけられ、生活に必要な最低限の引き出しを除き他は「封鎖」された。この結果四六年には全預金の七〇パーセントが封鎖されたが、インフレでその実質価値は四分の一まで目減りしてしまった。この間の事情について、有名な古書店主であった反町茂雄は次のように回想している。

大変な暴政です。一口で申せば、国民全部、上下一律に、一ヶ月五百円（夫婦二人の場合）、乃至《ないし》は千円（夫婦と子供六人）で生活せよとの強制です（昭和二十一年時には、若い巡査の初任給が四百二十円、高等文官試験を通った役人の初任給が五百四十円と記録されています）。皇族さんでも、公侯伯子男の五種類の華族さん、三井八郎右衛門さん、岩崎久弥さん、住友吉左衛門さんでも、等しなみの強制でした。無法というか、乱暴というか。所詮は敗戦直後の大混乱時代だからやれた措置でしょう。平時なら、各地に暴動が起きたに違いないが、総虚脱状態の民衆には、それをする気力もなかった。又仮りに暴動を起こしても、強大な米軍の武力で直ちに鎮圧されたでしょう。私たち商人は、仕入資金を引き出す事も出来ません。

（反町茂雄『一古書肆の思い出3』、平凡社、一九八八年）

預金と同じように戦前の国債・社債・株などもほとんど無価値になった。農地改革・財閥解体と相まって、インフレは戦前の「金持ち」を一気に没落させたのである。

表2　国民所得の分配　（%）

	1934-36	1946	1947	1948	1949	1950
合計	100.0	100.0	100.0	100.0	100.0	100.0
雇用者所得	39.3	31.8	33.2	43.2	43.5	42.6
個人業主所得	32.4	64.0	65.1	54.5	47.4	45.9
農業	14.5	28.6	26.8	23.1	20.8	19.1
製造業	3.8	8.8	11.8	10.2	9.5	12.2
商業	8.3	9.3	12.9	11.4	9.1	4.8
賃貸料	10.3	1.1	0.8	0.7	0.7	0.8
農業地代	4.4	0.3	0.2	0.1	0.1	0.1
利子	6.9	2.0	0.9	0.8	1.1	1.4
法人所得	8.3	1.0	1.0	2.4	5.1	9.1

（出所）経済審議庁『戦後の国民所得』（1953）

右に引用した反町茂雄の『思い出』には、四七年二月のこととして、稀覯本《きこうぼん》を手放す金持ちの言葉が登場する。「こんど、財産税というんを払わんならん事になってしもうた。金は封鎖されて、手元にあらへん。思い切って、いろいろなもん売らんならん。それで来てもろうたんや」。戦後社会の出発点で、戦前の富裕階級は没落した。

この時期に生じた著しい変化としてもう一つ特筆すべきことがある。それは都市の勤労者や法人企業の所得が大幅に低下する中で、逆に個人業主（農業・商業・製造業）の所得が急上昇したことである（表2）。小学生の体格が一年分「退行」してしまうほどの「絶対的物不足」の中では、モノを手にしている人が「勝利者」だった。米を作る農民、そして様々な「地下ルート」を通して物を手にいれた自営業者は、政府の決める「公定価格」という表看板の裏で、「ヤミ価格」による利得を思いのままに手にすることができた。一方、表2からは都市の勤労者の悲鳴が聞こえてくる。

このような不公平は一九五〇年までにほぼ解消した。一九五一年（昭和26）九月、サンフランシスコにおいて「講和条約」が締結され、翌年四月、沖縄を除く日本本土の占領が終焉。こうして戦争直後の大混乱は終息した。これが高度成長前夜の日本である。このころの社会、人々の暮らしはどのようなものだったのか。

◉農村

一九五〇年、日本の就業者の二人に一人は「農民」だった。正確にいえば漁業・林業などを含む「第一次産業」に従事していた、というべきだが、ここでは表現を簡単にするために「農業」「農民」という言葉を用いることにしよう。これは今日のインドネシアとほぼ同じ水準である。同じころアメリカでは、この比率がすでに一二パーセント、イギリスでは五パーセントまで低下していた。「先進国」の中では、イタリアが四六パーセントと日本に近い水準にあった。「半農業国」であった日本の姿を知るためには、まず農村の生活を振り返ることから始めるのが適当であろう。

戦後の農村に激震をもたらした「農地改革」により、戦前全耕地の四六パーセントを占めていた小作地は、一九四九年には一三パーセントまで低下した。並行して耕地を全く所有しない小作農の比率も二八パーセントから八パーセントまで減少した。激しいインフレーションは、小作農が耕地の買い取りをする際の負担を実質的に無にした。逆にいえば地主は、小作地を無償に近い形で手放すことになったのである。こうして農地改革とインフレーションにより、農村における土地と所得の配分は大きく平等化された。著しい不平等を背景に小作争議が頻発した農村は、戦後安定した「保守の牙城」に生まれ変わった。

もっとも「革命」にも匹敵する大変革にもかかわらず、農村における人々の暮らしはほとんど戦前と変わるところがなかった。ミクロの暮らしだけではなく、マクロ的にみたときの農村の「再生産」も戦前のパターンとほとんど変わらなかった。

農家の戸数は明治以来五百五十万戸で、驚くほど安定的に推移してきた。例えば一九一〇年（明治43）五百四十二万戸、三八年（昭和13）五百四十四万戸といった具合である。こうした安定性の背後にある農村の人口動態については、戦前から多くの学者が注意を払ってきた。渡辺信一、野尻重雄、福武直、本多龍雄らによって明らかにされたメカニズムは、およそ次のようなものである。

かつて農村では夫婦が平均五人の子供を作った。そのうち一人は幼少時に死んだ。残る四人のうち男女一組が夫婦の跡を継ぎ、二人が都市に流出する。都市に出る二人は次男、三男である。農家一戸当たり二人流出するのだから、一世代を三十年とすれば、五百五十万／三十＝十八万を二倍して得られる三十六万人が毎年都市に流出する計算になる。こうして農家の戸数は長く五百五十万戸で安定してきた。農地改革により自作農が一気に創設されたこと、戦後の大混乱の中で都市への流出が一次的に抑制されたことなどを反映して、農家戸数は戦前の五百五十万戸から戦争直後の混乱期に六百万戸まで増えた。しかし一九五〇年ごろの農村における人口動態は、基本的には先に説明した戦前のパターンを引き継ぐものであった。

農村における人々の暮らしをみると、戦前との連続性はさらに著しい。村——行政単位のムラではなく、江戸時代、あるいはそれ以前からそこで暮らす人々が拠《よ》り所としてきた郷村は、普通五十〜六十戸の家から成る。田畑の中に散在する家はもちろんすべて藁《わら》（茅《かや》）葺《ぶ》き屋根の伝統的家屋である。

こうした藁葺き屋根の家々は、今和次郎が大正年間に採集し、一九二二年（大正11）刊の『日本の民家』（鈴木書店。引用は岩波文庫版、一九八九年）で報告した農家とほとんど変わるところがない。外での仕事と家内の生活を結ぶ土間のほか、板張りの部分

図1　日本の農家

日向椎葉村那須銀蔵氏宅

（出所）今和次郎『日本の民家』

一般農家の間取り

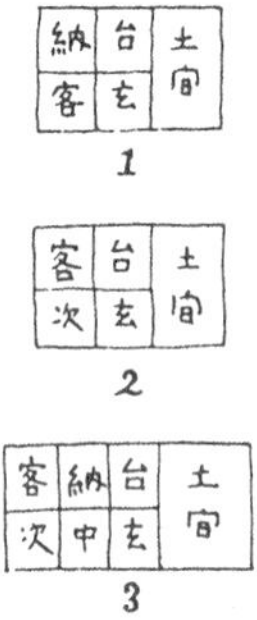

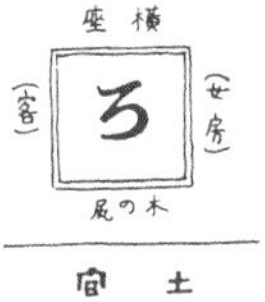

炉端

中俣正義《囲炉裏を囲む一家》

は十文字に仕切られた四つの部屋から成る（図1）。生活の中心になるのは、土間の脇にある茶の間だ。

茶の間は普通板床のままで、蓆《むしろ》からうすべりを敷いて坐わるようになっており、そして炉が必ずここに設けられている。家族たちは炉端に坐って仕事をしたり食事をしたりするのである。そして炉端の周囲には格が出来ていて、主人や、女房や、客や、雇人の坐わる場所はそれぞれきまっている。図はその一般的とみられるもので、土間からの正面は主人の坐るところで横座と称し、勝手の方に近い側は女房や家族たちの坐わる所で、名を別に言わないこともあるが、かか座などと称し、それに対した側すなわち入口に近い側は客の席でここを客座と称し、そして、土間に接している側は下男や下女の座で、そこを焚物《たきもの》の尻にあたるから木の尻などと称しているのである。木の尻の個所には焚物入れが置かれる場合がある。地方によってこれらの呼び名は多少異なるのであるけれど坐わり方はどこでもこうきまっている。

じいさんが高齢になり家督を息子に譲れば、その日から息子が「横座」に座ることになる。こうした農村における伝統、人々の意識が古い民法の「家制度」を支えていた。この家に暮らすのは、老夫婦、若夫婦、そして三人の子供たちである。

茶の間の隣の台所をみてみよう。そこにあるものも何世代にもわたって人々が用いてきたものばかりだ。水道もガスもまだない。井戸水が流しに引かれている。そして囲炉裏《いろり》とカマド。主たるエネルギー源は薪《まき》と炭である。鉄鍋や、桶もみえる。笊《ざる》や籠《かご》などはみな竹製だ。鉄鍋を別にすれば、ほとんどのモノが木や竹で出来ている中で、アルマイト製の薬缶《やかん》と魚を焼く金網だけが例外だ。

土間には地下足袋や下駄に混じって藁草履《わらぞうり》もみえる。電気は天井から電球が一つすっと垂れ下がった「裸電球」。洗濯機はもちろんない。波型の凹凸のついた洗濯板に石鹼《せっけん》をぬった洗いモノをゴシゴシと擦りつけ汚れを落とす。近くの小川で濯《すす》ぎをすることもある。「おバアさんは川へ洗濯に」というあれだ。

動力による農機具もまだない。鋤《すき》と鍬《くわ》、そしてリヤカーが主たる農具だ。二戸に一戸は牛を飼い、牛耕が行われている。馬を飼っている農家も五戸に一戸くらいはある。庭には鶏が飛びまわっている。

このように一九五〇年（昭和25）ごろの農村の生活は、今では信じられないほど伝統的であり、また自給自足的なものだった。自分たちの履く草鞋《わらじ》をつくることから干し柿、味噌づくり、ソバ打ち、餅つき、繕い仕事、フトンの綿入れなど数え上げればきりがない。屋根の藁や茅の葺きかえもユイ（結）とよばれる村人の助け合いによって行われた。

当時の農家はどれほど「自給自足」的だったのだろうか。これを正確な数字で表す

表3　農家の家計支出：1950年　（円）

区分	項目	現金支出	現物消費
飲食費・食物	米	3,403	37,028
	麦	1,169	7,608
	雑穀	25	449
	藷類	52	2,460
	豆類	100	1,080
	蔬菜および漬物	338	7,138
	海草および乾物	527	118
	魚介	5,467	134
	肉・卵・乳	1,048	1,682
	加工食品類	1,110	60
飲食費	調味料および油脂	4,460	4,600
飲食費・嗜好品	酒類	2,898	97
	煙草	4,217	2
	茶菓子、果物、清涼飲料	2,868	947
飲食費	共同炊事・外食および学校給食	292	3
	小計	27,974	63,406
被服費	衣料費	14,800	111
	履物および装身具	3,131	26
家計光熱費	電気代	1,714	1
	薪炭代	1,720	6,992
	その他の光熱費	248	4
住居費	借地借家料、住宅維持修繕および減価償却	3,616	37
	家具・什器・諸設備	6,584	2
保健衛生費	サービス料金	2,135	1
	物的費用	4,234	1
交通通信費	交通	1,939	—
	通信	273	0
学校教育費		3,576	1
修養娯楽費		3,218	4
交際費	贈答	4,970	1,278
	来客諸会合等	1,206	61
家計雑費および減価償却		3,944	17
臨時費（婚姻、諸祝、葬儀）		5,034	409
計		90,316	72,351

（出所）農林省『農家経済調査報告』

ことは不可能に近い。ここでは一九五〇年の「農家経済調査」(農林省)を手がかりにして一応の目安を得ることにしよう。規模が例外的に大きい北海道を除く「全府県」の農家の平均収入(年額)は、農業からの手取り現金収入七万円に林業や他の兼業から得た農業外現金所得六万円を足し、それから税金二万円を引き最終的に十一万円であった。

支出の方は、お金を支払って購入するものと、現物消費からなる。現物消費は、「もし買ったとしたらいくらかかったか」というふうに推定したものである。表3をみると、当然予想されるように米・麦など主食の九割は自家生産である。油・酒・煙草《たばこ》などを加えた食品全体でみても、現金支払いと現物消費の比率は二万八千円対六万三千円、すなわち食料品消費の七割は自給自足されていた。消費全体をみると、九万円対七万二千円だから、自給率は七万二千円/十六万二千円=〇・四四(四四パーセント)である。

食料品以外で自給率が高いものとしては薪・炭が目につく(六千九百九十二円)。電気代千七百十四円と比べるとその大きさがわかるだろう。光熱費の三分の二は自給されている。このように当時の農家は、いまだ半自給自足状態にあった。こうした半自給自足経済は高度成長によって一変する。高度成長が終焉に近づいた一九七〇年(昭和

45）について農家の消費自給率をみると、食料品ですら三分の一、消費全体だと一一パーセントまで低下している。

ちなみに食料費が消費支出に占める比率、いわゆる「エンゲル係数」も、一九五〇年には〇・五六と高かった。エンゲル係数は所得の上昇とともに低下する傾向があるが、〇・五六というのは、一九九〇年（平成2）ごろの中国の水準（〇・五四）に近い。わが国のエンゲル係数はその後一九七〇年に〇・三二、九五年には〇・二三まで低下している。

古い伝統を生活の隅々に残し、半自給自足的な社会にあった農村に、働く日本人の二人に一人、子供や年寄りを入れた総人口でいえば半数以上の日本人が暮らしていた。これが一九五〇年ごろの日本であった。

◉都市

同じころ、都市の生活はどのようなものであったのだろう。都市の生活は農村での生活とたしかに違っていた。例えば東京では一九五一年（昭和26）に「アンリ・マチス展」が開かれ、四十四日間の会期中に十五万人の参観者が国立博物館を訪れている。都市には「未来」の萌芽があった。

しかし物質的に貧しいということでは、都市の生活も農村の生活と大差はなかった。いやそれどころか、戦争直後の大混乱で最大の犠牲者となったのは都市の勤労者であった。都会にはヤミ商人をはじめ「成り金」もいたにしても、そうした人はあくまでも少数者にすぎない。全国的には三人に一人しか雇用者（サラリーマン）がいなかった一九五〇年に、東京ではすでに働く人の七割がサラリーマンだった。こうした大多数の勤労者は、戦後の混乱の中でドン底生活を強いられた。農村と違い万事配給制の下で食料の確保すらままならなかったのである。

一九五〇年になると、こうした都会の生活にもようやく安定とゆとりが少しずつ戻ってきた。この年食料や衣料の統制・配給が廃止される。大きな混乱を生んだ激しいインフレが終息したことを受けて、新しい千円札も発行された。その後お札を代表する「顔」となる聖徳太子のデザインである。五一年には新聞社が行ったハガキ投票をもとに、「観光地百選」という記念切手も発行された。蔵王のスキー場を第一号に、日本平、箱根、宇治川、長崎、昇仙峡などがつづき、最後の錦帯橋まで全二十枚のシリーズものであった。数年前には思いもよらなかった「観光」が切手に登場するような時代が戻ってきた一九五〇～五一年。このころの都市の生活を思い出してみることにしよう。

都市の生活には農村と違い、自給ということはない。ムラとは違って広い空間だから、人々は働きに行くためにも交通手段を利用する。こうした事情は昔も今も変わらない。東京のような大都市における「近代化」は、ごく限られた範囲とはいえすでに一九二〇年代から始まっていた。例えば表参道や代官山で一九九六年以降、取り壊された同潤会アパートは、こうした一九二〇年代における「近代化」の残滓《ざんし》である。丸の内のオフィス・ビルや日本橋のデパートも、建物という物理的な存在を通して雄弁に戦前のアチーブメントを今に伝えている。戦前の遺産を引き継いだ一九五〇年の都市は、確かに今日との接点を持っていた。しかし「連続性」の強調は禁物である。街に出てみよう。例えば渋谷。当時のハチ公広場の写真を見ると、今日との違いが一目瞭然となる。

都会で暮らす人々の生活を子細にみると、今日との違いはさらに明らかになる。まず住居。東京、大阪、広島、長崎など大きな都市の中には、戦災により焼け野原となった所が多い。こうした都市では戦後極端な住宅難が発生した。例えば東京では、戦争直後全人口の一割に近い三十一万人の人々がバラック（仮小屋）に住んでいた。窓にガラスはなし。油紙が張られているといった程度の「掘っ立て小屋」である。そこへ海外からの引揚者など年々五十万から六十万人もの人が流れ込んでくる。人々は地

第一!
明治生命
林 百 貨 店
東

田沼武能《渋谷駅前広場》

縁・血縁を頼りに、ともかく住める所を探して転がりこんだ。一戸に一家族というのは例外であり、一戸平均三家族雑居という町内（板橋）もあった。

こうした状況の中で、新しい住宅の建設は遅々として進まなかった。戦前は、東京をはじめ都市の住宅の七割は貸家だった（漱石や鷗外も借家していた）。戦後家賃も上がったが、インフレの中で地租・家屋税（＝固定資産税）の税率は戦前の三パーセントから一挙に四〇パーセントもの水準にまで上昇した。並行して建築費も家賃と比べてははるかに高くなった（建築費は戦前比二百倍、家賃は五十倍）。この結果、貸家の建設は全く採算のとれない事業となってしまった。戦前からの家主が没落したのと同時に、都市における住宅の供給は完全にストップしたのである。高度成長直前の一九五〇年ともなると、生活に安定とゆとりが少しずつ戻ってきたことは事実であるが、都会における住宅事情は戦争直後の混乱期とそれほどの違いはなかった。農村が戦前からの古い藁葺き屋根を引き継いだのとは対照的な出だしだった。

ささやかな住居の中身は、さらにつつましいものであった。一九四九年（昭和24）の木村伊兵衛「学生結婚」（第一章扉参照）は、なんともすがすがしい写真だが、並んでいる若夫婦の所帯道具を観察すると興味ぶかい。「七厘」（物を煮るのに七厘の炭で間に合うところから名づけられたという土製のこんろ）に釜、その脇に置かれた櫃《ひっ》。釜も櫃も真新しい。きっと嫁入り道具なのだろう。部屋の広さは四畳半か。新聞を読む若主人の前の長火鉢の上には鍋と薬缶がみえる。左手の奥には茶箪笥《だんす》。七厘といい長火鉢といい、燃料は炭だ。水道は共同の炊事場にひかれているのだろう。

若夫婦だから特別につつましいというわけではない。この当時、洗濯機、電気冷蔵庫、テレビ、電話がある家は都会でもまだ一軒も無い。「電気」といえば天井からぶら下がっている「電灯」（白熱灯）のことであった。都市では農村と違い水道は普及していた。東京では、現在都庁をはじめ高層ビルが林立している新宿の西口に浄水場があった。しかし水道とガスの普及率を別にすれば、都市と農村の家庭にある家財道具にそれほど大きな隔たりがあったわけではない。もちろん農村の鉄鍋ではなく、都市にあったのはアルミの鍋だ。しかしそうしたことを別にすれば、今日家の中にあるモノがほとんど「無い」という意味で、都会も農村も多くの共通点を持っていたのである。

実際、都市における日常生活の中にも農村ほどではないにせよ、伝統的なものは幾らでも残っていた。例えば蚊帳《かや》。高度成長のプロセスでサッシの網戸が登場したことにより、いわば家全体が蚊帳の内に入ってしまったため姿を消したが、かつては夏の必需品であった。

漱石の『行人』には次のような一節がある。「窓際を枕に寝てゐたので、空は蚊帳越にも見えた。試しに赤い裾から、頭だけ出して眺めると星がきら〳〵と光った」。一九六六年（昭和41）に岩波書店から刊行された『漱石全集』では、わざわざ「赤い裾」という箇所に注があり、「赤色の布を縫いつけた、蚊帳の縁の部分」と説明してある。蚊帳に入って毎日寝ていた私たちにとっては、こうした注は不要であり、蚊帳の「赤い裾」といえば頭の中にすぐそれが浮かび上がる。逆に蚊帳を知らない今の若い人には、注を読んでも正確なイメージはわかないだろう。こうしてみると一九五〇年代の日本人は、少なくとも蚊帳を用いるという点で漱石と経験を共有していたことになる。

いや実は漱石どころではない。明和年間に活躍し錦絵の生みの親ともなった鈴木春信の浮世絵の中にも、われわれは容易に蚊帳を見いだすことができるのである。こと蚊帳に関するかぎり、一九五〇年代の日本人は、十八世紀とさして違わない生活をしていたことになる。

こうした例はいくらでも見つけることができるだろう。例えば『昭和史世相篇』（一九九〇年）の中で色川大吉は、一九五五年（昭和30）には八二・四パーセントが自宅出産であったのに、七五年（昭和50）になるとその比率が一・二パーセントまで低下したという事実を指摘している。自宅出産の比率が高かったのは決して農村だけではない。一九五〇年（昭和25）には東京ですら七八パーセントが自宅出産だったのである。産婆の助けを借りながら自宅で出産することは、江戸時代どころか歴史を遠く遡《さかのぼ》る「伝統」であったに違いない。このような伝統的生活様式は、いずれも一つ、二つと高度成長の中で消えていった。

当時の人々にとって最大の娯楽といえば、映画だった。何しろ家にテレビがないのだ。ラジオの放送に聞き入るしかなかった人々に、カラーの大画面がどれほどの興奮をもたらしたか、容易に想像できる。五一年九月に上映された「風と共に去りぬ」には、東京で二十八万五千人が入場したという。「シェーン」「ローマの休日」「エデンの東」「禁じられた遊び」などいずれも一九五〇年代初頭に公開された映画だ。外国映画だけではなく、このころは小津安二郎、黒沢明、溝口健二をはじめ名監督が輩出し、日本映画界の黄金時代でもあった。

画像に飢えていたのは、大人だけではない。そうした子供たちには「紙芝居」があった。紙芝居こそは子供にとって最大の娯楽であり、またそこは最大の社交の場でもあった。木戸銭を払うともらえる駄菓子を食べながら、子供たちは我を忘れて紙芝居に没頭した。紙芝居業者は最盛期には全国で五万人いたという。当時の十五歳未満人

紙芝居（1957年）

口は約三千万人。子供六百人につき一人の紙芝居屋さんがいたことになる。一方就業者は三千五百万人。働く日本人のうち七百人に一人は紙芝居屋さんだった！　しかしこれも高度成長期にテレビが普及すると消えるべくして消えた。紙芝居もそうだが当時の子供の遊びは、めんこ、蠟石《ろうせき》（これで道路にいたずら書きをする）、縄跳びなどいずれも道や空地を利用するものが多かった。大きな都市にも今思うと不思議なくらい空地があったし、また細い路地に車が入ってくるということも無かった。そこは子供にとって天国であり、「馬跳び」のように何一つ使わない文字どおり徒手空拳の遊びも多かった。

もう一つ忘れることができないのが「貸本屋」だ。当時の漫画雑誌は週刊ではなく、『少年』『少女』『少年画報』などみな月刊誌だった。手塚治虫の「鉄腕アトム」が『少年』に連載され始めたのは一九五二年(昭和27)のことである。子供たちが人気漫画に胸をときめかすのはいつの時代でも同じだが、当時はこうした雑誌も十分に手に入らなかった。みな貸本屋から借りたのだ。物不足の時代の知恵ともいえるリサイクルだった。

子供たちの世界は家の近所で事足りていたが大人はそうはいかない。都会では農村と違い、働きに行くにもデパートに行くにも映画を見に行くにも交通手段が必要になる。このころ市民の足となったのは「市電」である。東京には「山手線」——大人の中には「国電」という新しい名前に慣れず戦前からの「省線」と呼ぶ人が多かった——もあったが、地下鉄は渋谷と浅草を結ぶ銀座線一本しかなかった。市電が走っている都市は今でもあるが、チンチンと警笛を鳴らしながら走る速度はゆったりとしたものだ。もっともすべての時がゆっくりと流れていた当時は、誰も市電の速度を格別にゆっくりだとは思わなかったのだろう。雪国では都会でも道路の除雪があまりなされなかったから、冬になると人や物の動きはさらにゆっくりとなった。札幌ほどの都会ですら冬の間荷物の輸送は馬そりが中心になっていた。現在では中国でも北京のような大都会では消えた光景である。

速度がゆっくりとしていただけではない。東京のような大都会でも夜になると銀座など特別のエリアを一歩離れれば、全体として暗かった。例えば渋谷のハチ公広場の写真（32、33ページ）を見ても、すべてペンキ書きの看板でありネオンはない。夜の光は、ポツン、ポツンと立っている街灯と、商店からもれてくる灯だけだ。「盛り場」ですらこうなのだから、細い路地の暗さは容易に想像できるだろう。木製の電柱に所々取り付けられている裸電球がすべてだった。

谷崎潤一郎は、一九三一年（昭和6）「恋愛及び色情」（『婦人公論』、昭和六年四月号〜六月号）と題する文章の中で次のように書いている。

蓋《けだ》し近代の都会人はほんたうの夜と云ふものを知らない。いや、都会人でなくとも、此の頃は可なり辺鄙《へんぴ》な田舎の町にも鈴蘭《すずらん》灯が飾られる世の中だから、次第に闇の領分は駆逐せられて、人々は皆夜の暗黒といふものを忘れてしまつてゐる。私はその時北京の闇を歩きながら、これがほんたうの夜だつたのだ、自分は長らく夜の暗さを忘れてゐたのだと、さう思つた。そして自分が幼ない折、覚つかない行灯《あんどん》の明《あか》りの下《もと》で眠つた頃の夜と云ふものが、いかに凄じく、わびしく、むくつけく、あぢきないものであつたかを想ひ起こして、不思議ななつかしさを感じたのであつた。

『陰翳《いんえい》礼讃』を書いたほどの谷崎は、暗さについて特別鋭敏な感覚の持ち主であったに違いない。谷崎によれば、「ほんとうの夜」は、すでに一九二〇年代に東京では失われていた。しかし高度成長直前の日本には、「ほんとうの夜」ではないにせよ、まだ「薄暗い夜」が残っていたのである。「薄暗い夜」も高度成長とともに消えた。闇を愛し、「陰翳」を日本文化の本質として認めた谷崎を信ずるならば、「暗い夜」の喪失とともに日本人は根本から変わったと考えなければならないだろう。

農村でも都市でも、高度成長の直前、人々はいまだ古い伝統を暮らしの隅々まで色濃く残していた。そのころは生活をとりまくモノにも幾世代にもわたって使われてきたモノが多かった。逆に現在われわれがごくあたりまえとして身のまわりに見いだすモノはほとんど何も無かったのである。それから数年後、日本経済は「高度成長」という特急列車に飛び乗った。そして二十年、今の日本とあまり変わらない「現代日本」の骨格が出来上がった。

第二章　テレビがきた！

それから
しばらくして
義父と母は
相当苦心して
ミシンを買った
SINGER
ああ
嬉しい
ねえ
ふふふ
私どんなに
ミシンが
欲しかった
ことか
SINGER
これで
子供たちの
服も縫って
やれるし

ミシンが来た日――つげ義春「海へ」
『つげ義春全集第7巻』（筑摩書房）より

日本人は一体何を求めて「高度成長」という特急列車に乗ったのだろうか。答えは明らかだ。欧米とりわけアメリカの「進んだ」生活に少しでも近づきたいと思ったからだ。

戦後食うや食わずの水準から出発した人々にようやく落ちつきが戻った一九五〇年代、アメリカの生活様式が目の前に現れた。戦中戦後の耐久生活の後にそれは光り輝く憧れの対象として現れた。日本より一足早く一九二〇年代に「高度成長」を経験し、モータリゼーションを完了したアメリカでは、五〇年代の初頭には「高度大衆消費社会」が実現していたのである。占領軍とともにやってきたたくさんのアメリカ人は、母国での生活を一緒にもってきたし、NHKのラジオ番組「アメリカ便り」も、そうしたアメリカ人の豊かな日常生活を事細かく伝えていた。「ほうりこむだけでしばらくすると焼けたパンがポンと出てくる」トースターまであるアメリカ人の生活について、多くの日本人は、ほとんど信じられないような気持ちで聞き入っていた。車や多くの電気製品は、当時の日本人にとってはまだまだ遠く手の届かない憧れの対象にすぎなかった。しかし憧れといっても「目標」だけは、はっきりしていたのである。

「生活革命」は身近な衣料から始まった。もんぺから解放された女性たちの間に「洋裁ブーム」が起きる。足踏み式のミシンは、それまでラジオのほかには「機械」と呼べるようなモノは何もなかった家庭に入った最初の「マシーン」であった。一九五〇年（昭和25）お年玉つき年賀はがきの特賞はミシン、一等が洋服生地だった。ミシンのもたらした「感動」は、つげ義春（第二章扉参照）の漫画に描かれているとおりであったろう。

ナイロンの登場もこの時代を象徴するものである。すでに四九年にナイロン工場を増設していた東洋レーヨンは五一年、巨額の特許料をアメリカのデュポン社に支払い、ナイロン製造上の新技術を導入した。ナイロンは下着をはじめとしてあらゆる衣料に使われ、またたく間に普及した。衣料だけではなく、他の製品にも広範な影響を及ぼした。例えばそれまで豚毛が使われていた歯ブラシにナイロンが用いられるようになったという具合である。消費者の潜在的なニーズを見極めナイロンをいち早く導入した東レが、戦前に業界一位だった帝人を追い越したことは、企業に「新技術」の重要性を広く認識させることになる。

このように衣料や蛍光灯など身近な小物から始まった「生活革命」は、大型耐久消費財の登場によって本格化する。とりわけ洗濯機、冷蔵庫、テレビは、「三種の神器」と呼ばれ、高度成長のストーリーを語るときには欠かすことのできないものとなった。

◉洗濯機

「三種の神器」の中で最初に登場したのは洗濯機である。洗濯機が売り出された一九四九年（昭和24）には一台五万四千円。これはこの年に大学を卒業した公務員の年俸（基本給）とほぼ同じである。都市における勤労者世帯の平均年収は十四万円にすぎなかった。当然のことながら、ひと月に二十台しか売れなかったといわれている。

しかし五三年になると一台二万八千五百円と価格は二分の一まで低下した。一方、都市勤労者世帯の平均年収の方はこの間に三十一万円と二倍以上になっている。四九年から五三年までたった四年間で、洗濯機の価格の所得に対する比率は四分の一以下になった。さらに五五年になると、洗濯機の価格は一台二万円になる。この年の都市における勤労者世帯の平均年収は三十六万円。ひと月に二十台しか売れなかった四九年からわずか六年後、実に三分の一の家庭が洗濯機を保有することになったのである。洗濯機はまさに熱狂的に受け入れられた。このときの「興奮」を、重兼芳子は「洗濯機は神サマだった」の中で次のように書いている。

一生のうちで最も忘れられない感動は、電気洗濯機を使ったときだった。また年寄りの昔話か、と若いもんはうんざりするかもしれないけど、私はあのときのことを思い出すと今でも血が騒ぐ。男に明治維新があるならば、女には電化という生活維新がある。

私が二十代の頃はギザギザの平たい板に、両手で力一杯布地を押しつけてこすりながら洗う洗濯法だった。この洗い方がいつ頃から始まったのか分からないけれど、おそらく江戸時代よりずっと昔からだろう。足で踏んづけたり石に叩きつけたりする洗い方が世界各地にはあるらしいが、洗濯板に手もみというのは、いかにも日本の女らしいやり方だ。

その伝統的な方法で、私は子供のおむつからシーツ、ワイシャツから布団カバーの類《たぐい》まで、毎日毎日三四時間かけて洗い続けた。……（中略）……

そんなとき月賦で買った洗濯機が届いた。ほんとうに感動してただ呆然《ぼうぜん》と立ち尽くした。洗濯機の中をいつまでものぞきこみ、機械ががたがた廻りながら私の代わりに洗濯してくれるのを、手を合わせて拝みたくなった。こんなぜいたくをしてお天道《てんとう》さんの罰が当たらないかと、わが身をつねって飛び上がった。

絞り機は手で廻すローラー式だった。これだって最初に考え出した人はノーベル賞級の天才だ。シーツや布団カバー、あれを手で絞るには下腹に力をこめ腕力充分にがんばらなけりゃあ固くは絞れない。それをローラーが絞ってくれるんだ

から感激するの当たり前でしょ。絞り機に御神酒《みき》上げたくなった。（重兼芳子『女の揺り椅子』、講談社、一九八四年）

これが多くの女性の実感だったに違いない。

ちなみに普及率が三分の一に達した一九五五年（昭和30）、洗濯機は「消費者物価指数」の品目リストに加わった。「消費者物価指数」は、名前のとおり消費者が購入する代表的な財・サービスの価格を表示したものである。一九九六年時点では五百八十品目の価格が取り入れられているが、新しい商品の出現や消費パターンの変化を反映させるため五年に一度ずつ改訂されてきた。一九五五年に洗濯機とともに新しく品目リストに加わったモノには、鯨肉、ソーセージ、化学調味料、魔法びん、ラジオ、蛍光ランプ、電気アイロン、旅行かばん、パーマネント代、シャンプー、自転車、タクシー代などがある。こうしたモノが当時の消費の「フロンティア」だった。逆にこの年消費者物価指数の品目リストから消えたモノの中には、こんろ、薪、男用の足袋などが含まれていた。

◉テレビ

洗濯機より少し遅れて登場したテレビに人々はさらに熱狂的に飛びついた。今日なお続く「テレビ時代」の幕開けである。

一九五三年（昭和28）二月一日、ＮＨＫの東京放送局によってテレビ放送は始まった。八月には日本テレビも開局。といってもこのころテレビのある家庭は皆無だった。なにしろ一台十九万円、勤労者世帯の平均年収三十一万円の六割である。今日の勤労者世帯の平均年収に直せば一台四百万円ということになる。到底買えるようなモノではなかった。開局の年、ＮＨＫの受信契約者は全国でわずか八百六十六人にすぎなかった。洗濯機の場合と全く同じである。こうしたことはテレビ局の方でも先刻承知の上だったから、日本テレビは開局と同時に新橋や渋谷の駅前広場に「街頭テレビ」を設置した。

画像に対する人間の欲求は、視覚の果たす役割からして根源的なものなのだろう。絵から写真、そして映画へと人々は絶えずそれを追い求めてきた。戦後の大混乱期ですら毎年延べ七億人もの人が映画を観ていたのである。映画は人々にとって最大の娯楽だった。テレビがこうした映画ブームの延長上に登場したことは間違いない。しかしそこには映画を越える新しい要素もあった。映画が基本的に「劇」であるのに対して、テレビにはスポーツ中継、歌番組やバラエティー・ショーなどそれ以外の多彩なジャンルが加わった。これは今日まで続く映画とテレビの棲み分けである。

テレビに人々が求めたものも、まさにこうしたスポーツや歌番組であった。力道山という大スターを中心にしたプロレス、西鉄ライオンズが活躍したプロ野球のブームはテレビによって生み出されたものともいえるが、逆にこうしたスポーツ・ブームはテレビを普及させる原動力でもあった。五二年、ちょうどボクシングのフライ級タイトル・マッチで白井義男が勝ち、世界チャンピオンになった。翌五三年、テレビが開局される。街頭テレビに群がった人々はアレンとの防衛戦に熱狂した。

力道山の「空手チョップ」も、当時ものごころのついていた日本人なら誰一人知らない者はいなかった。相手の汚い反則プレーで傷ついた力道山が最後に繰り出す「空手チョップ」によって宙に舞うアメリカ人レスラー。それに熱狂する日本人の心の中には、間違いなく敗戦国の国民としての心情があっただろう。しかしそうしたことを別にしても、そこには映画の「劇」とは一味違う素朴な興奮があった。

五〇年代のプロ野球ブームの頂点にあったのは、「鉄腕」といわれた投の稲尾和久、打の中西太を擁する西鉄ライオンズだった。五六年から三年間巨人を相手に日本シリーズを戦い、三連覇を成し遂げた。プロ野球のヒーローはその後もたくさん生まれたが、「鉄腕投手・稲尾物語」という伝記映画がヒットするというような人はいないの

プロレス日本選手権争奪戦（力道山対木村戦）の街頭テレビを見つめる群衆

ではないだろうか。

　街頭テレビからはじまったテレビは、五〇年代の後半になると急速に普及しはじめる。すでに述べたスポーツ番組に加えて、五八年（昭和33）の十一月皇太子妃に日清製粉社長の長女正田美智子さんが選ばれると起こった「ミッチー・ブーム」もテレビの普及に大いに貢献した。翌年四月の御成婚は「世紀の祭典」といわれ、中継を見ようと人々が争ってテレビを買ったのである。六年前テレビが誕生した年にはわずか八百六十六人にすぎなかったＮＨＫの受信契約者数は、五九年の四月、御成婚直前に二百万人を突破した。五八年には、テレビ時代を象徴する東京タワーも完成している。

テレビが普及した最大の理由は、人々の所得が上昇する一方で価格が急速に低下したことであった。そうした事情は洗濯機の場合と全く同じである。しかし人々をあれほどテレビに引きつけた理由は、スポーツ、「御成婚」など映画とは異なる興奮をテレビが提供したところにあった。実際今日まで、テレビは人々に「興奮」を絶え間なく与え続けることによって発展してきた。かつて興奮は「ハレ」の日にのみ許されるものであった。柳田国男ならこんな風に言うところだろう。「食事中にしゃべるんでない。御飯は黙って食べるものだ」。一九五〇年代以前に子供時代をすごした人ならば、親にしかられた経験があるだろう。万事「黙々と」過ぎていくのが日常生活だったのである。「一億総白痴化の元凶」(大宅壮一)であったか否かは別としても、テレビは間断なく興奮を提供することにより、間違いなく人々の精神のリズムを変えた。

テレビがどれほど愛されたか。そのことは図2のような統計をみてもわかる。図2は、一九六六年二月時点において、耐久消費財の普及率を所得階層別にみたものである。当然のことながら豊かな家庭は多くの耐久消費財を持っている。逆に貧しい家庭では各耐久消費財の保有率が低い。しかしテレビの普及率は貧しい家庭においても他の耐久消費財と比べて抜きん出て高い。年間所得が三十万円以上の家庭ではほぼ一〇〇パーセントであるし、最も貧しい「三十万円未満」層を見ても、例えば電気冷蔵庫を持っている家庭は四軒に一軒しかないのに、テレビだけは八割の家庭が持っている。農家における普及も早かった。「何は無くてもまずテレビ」というわけである。

図2　主要耐久消費財の所得階層別普及率
（1966年2月現在）

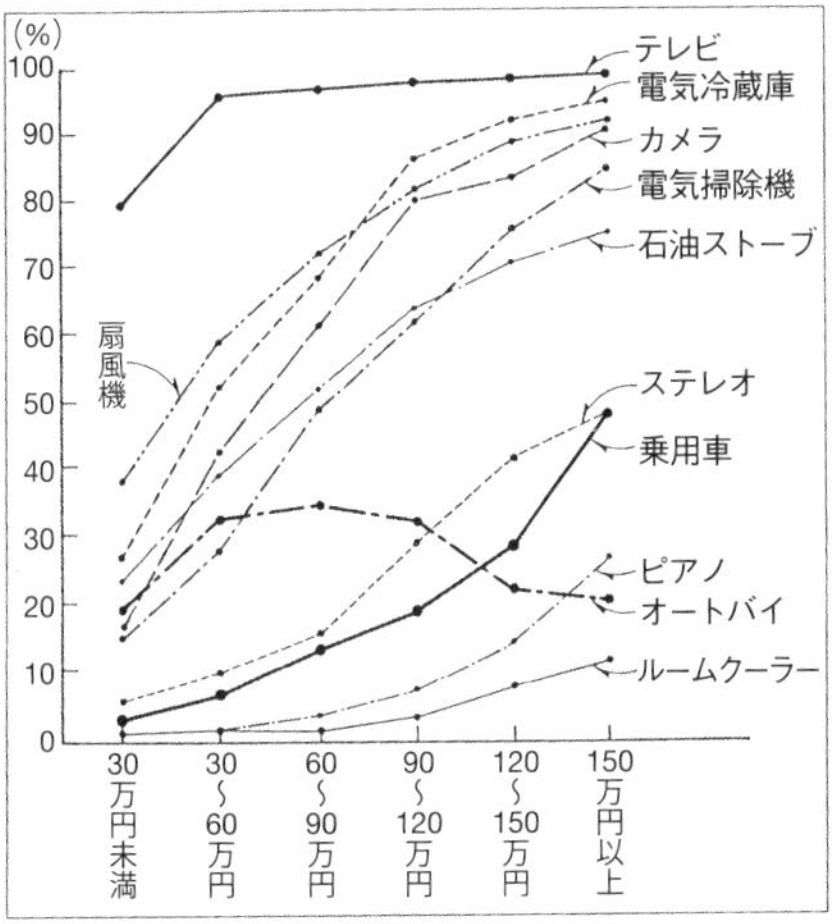

（出所）経済企画庁「消費貯蓄の動向」（昭和41年）

一九六〇年（昭和35）、洗濯機に遅れること五年にして、テレビは「消費者物価指数」の品目に加えられた。この年テレビと並んで「品目リスト」に加えられたモノは、自動炊飯器（電気釜）、トースター、電気冷蔵庫、口紅、カメラ、ＮＨＫテレビ受信料などである。

◉耐久消費財の普及

洗濯機、テレビほどドラマティックではなかったにしても、同じようなストーリーは、多かれ少なかれ他の耐久消費財についても当てはまる。図3は、一九五〇年代に耐久消費財がどのように普及していったかを都市と農村別にみたものである。

想像されるように、多くの耐久消費財の普及は都市がリードした。都市において耐久消費財の普及が先行した理由は二つある。一つは街頭テレビに代表されるように、新しい商品はまず都市に登場し、主としてそこで宣伝された。また新しいモノがもたらす「生活革命」は、農村より都市の方が受け入れられやすかったからである。例えば天野正子は『「モノと女」の戦後史』の中で次のような指摘をしている。

生活の格差と意識の差は、都市部と農村部で依然として大きかった。農村部ではまた、家庭生活の電化に対して、性別と世代別のギャップが大きかった。この時期、電気洗濯機の購入をめぐる苦闘の記録は少なくない。……（中略）……

それだけではなく、ムラ社会の「伝統」とのたたかいもあった。「わたしら、若いときに苦労したんだから、今の嫁だって苦労するのはあたりまえ」とする旧

図3　主要耐久消費財の普及の推移（都市・農村別）

◇人口５万以上都市

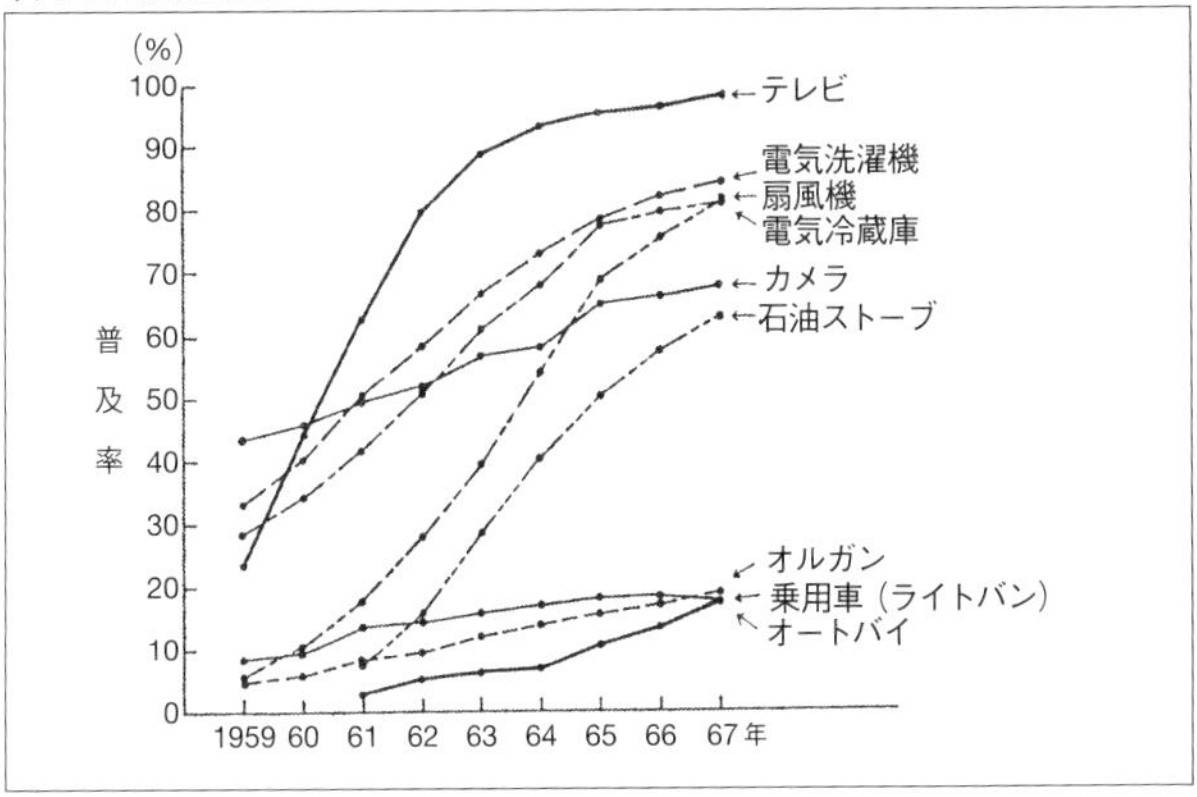

◇農村

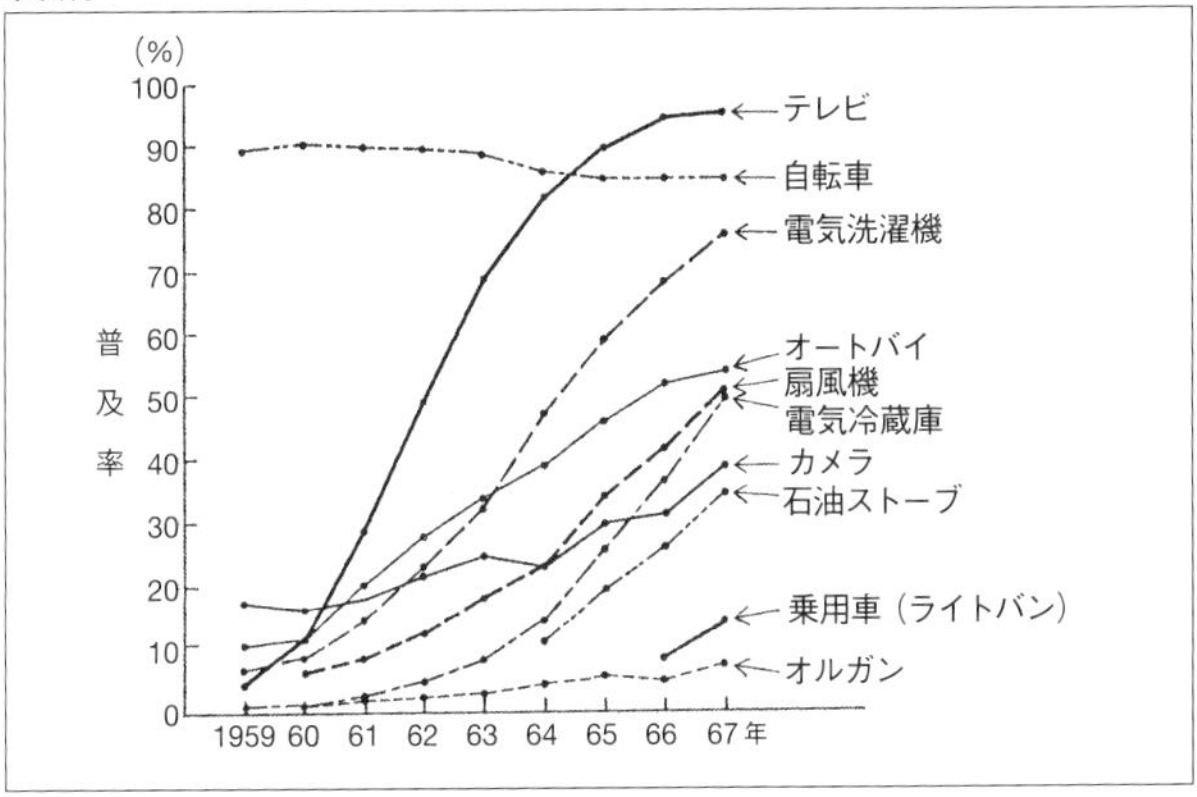

（出所）経済企画庁「消費貯蓄の動向」（昭和41年）

い世代（姑《しゅうとめ》）を説得できなければ、洗濯機は買えない。「（洗濯機を使いたいといえば）姑に水を無駄にする嫁には身代をゆずれないといわれたり、機械に洗濯をまかせてサボっているようにみられることを考えると、つい遠慮してしまう」というのが、嫁世代の女たちの悩みだった。「主婦の読書時間を生みだす洗濯機」という電気メーカーのキャッチフレーズは、雲の上の話にすぎなかったのである。

夫婦と子供だけから成る「核家族」や単身世帯の多い都市では、こうした抵抗はほとんど無かった。まさに「都市の空気は自由にする」という諺《ことわざ》のとおりである。

こうした事情も耐久消費財が都市から普及しはじめた理由として、たしかに無視し得ないものだったに違いない。しかしさらに重要な理由は、都市におけるサラリーマンの平均所得が農家の平均所得より高くなったというところにあった。戦争直後の数年間は大混乱が続く中で、一時期農家の所得が都市の勤労者世帯の所得を上回っていた。しかしそうした格差も一九五〇年ごろには解消し、その後都市と農村の所得格差は拡がり続けた。例えば一九六〇年には、都市勤労者世帯の平均年収が四十九万円（家計調査）であるのに対し、農家の平均年収は四十万円（「農家経済調査」）であった。都市勤労者世帯の平均所得は、農家のそれを二三パーセントほど上回っている。

◉変わる街並み

耐久消費財の普及によって家の中での人々の暮らしが急速に変わっていったそのころ、街もみるみるうちにその姿を変えていった。東京では一九六四年（昭和39）に開かれたオリンピックが決定的ともいえるほど大きな影響を与えた。その衝撃はやがて東京から日本全体に拡がっていく。

一九六四年のオリンピックが東京で開催されることに決まったのは一九五九年のことである。「オリンピックが来る以上、東京は世界に恥ずかしくない環境と施設をもつ都市でなければならない」（東京都『東京百年史　六』）。これがそれから五年、東京の「都市づくり」、いや日本全体の「国づくり」の基本的発想であった。「世界に恥ずかしくない」というようなことを、ごく素直に考えたところに高度成長の時代の真骨頂があった。オリンピックは文字どおり高度成長を象徴する出来事だったのである。

ビル建設と道路工事は、オリンピックによって一気に加速した。戦前以来都市における市民の足であった市電は、バスやタクシーなどモータリゼーションの進展によって徐々に「やっかい者」扱いをされるようになっていった。東京では、一九五八年「騒音防止条例」の強化によって車のクラクションを制限することになったが、その際

「交通騒音の元凶」として虎ノ門―新橋一丁目間など都電四路線の廃止が決まった。都電そのものがうるさいというわけではない。ノロノロ走る電車が車のクラクション騒音を引き起こすというわけである。昔ながらの速度で走っていた都電にしてみればとんだとばっちりだったに違いない。しかし時速十三キロで走る都電の乗客数は、一九五五年（昭和30）をピークに漸減していた。オリンピックを前に、建設省の「都電は邪魔だ。早くはずせ」という方針を受けて都電は急速に姿を消していくことになる。

都電を廃止に追いやった東京都における自動車の数は、一九五五年には二十四万台だったのが、五九年に五十万台、六四年百万台、六八年百七十万台と、四、五年おきに倍増していった。当然のことながら道路もこうしたモータリゼーションの進展と並行して改修・建設されていく。「高速道路」は道路建設ラッシュの象徴であった。

ここで濠《ほり》や河川の「埋め立て」についてふれないわけにはいかない。江戸時代以来、東京の物流は三百年間主として水上交通に頼ってきた。関東大震災（一九二三年＝大正12）を機に陸上交通主体へと大きな転換をとげるが、それでも戦後まで中小河川や濠は東京の街に下町を中心として多数残されていた。神田橋、鎌倉橋、常盤橋、一石橋、日本橋、江戸橋、兜橋、千代田橋、新場橋、久安橋、宝橋、弾正橋、新富橋、柳橋、弁慶橋……橋の名を挙げればキリがない。

こうした河川や濠の埋め立ては、戦災によって生まれた瓦礫《がれき》や土砂の処理が発端だった。土砂が片付き、公共の土地も造成できる「一石二鳥」の妙手と思ったのか、何とも単純明快な論理にのっとって東京都はせっせと河川・濠を埋め立て始めたのである。埋め立て地は自動車道路の有力候補地となり、やがてその上を高速道路が走るようになる。中心から外へ向かう八本の放射線道路と環状線からなる高速道路網を建設するために、五九年六月には首都高速道路公団が設立された。これは東京オリンピックの開催が決まってわずか三週間後のことである。やがて気がついてみると、なんと日本橋の真上にも高速道路が走っているということになっていた。

東京のように大きな人口を抱える都市では交通量が膨大である。モータリゼーションは避けられない流れである。道路建設が最も容易なのは河川上である。こうした理屈を重ねれば、日本橋の上に高速道路が建設されることは必然なのであろうか。外国の大都市を眺めてみれば、このロジックにはどこか欠陥があることがわかる。大都市パリでも、セーヌの真上を高速道路が走っているというようなことはないからである。にもかかわらず、単純なロジックがごく当然なものとして暴走したところに日本の高度成長のガムシャラさがあった。

河川・濠の埋め立て、高速道路の建設はみるみるうちに街の景観を変えていった。

新しい道路の建設だけではなく、既存の道路でも車優先のポリシーは一貫していた。多くの道路で街路樹や安全地帯が取り除かれたのである。かつて子供の遊び場だった細い路地にもいまや車が行き来するようになった。こうした変化を人々はどう眺めていたのであろうか。当時小学生であったわたしは、社会科の教科書の口絵に載っていたアメリカの「立体交差」と同じものがあれよあれよという間に目の前に現れたことをただただ驚き眺めていたものだ。しかし無制約のモータリゼーションは、ボーッと眺めているには余りに重大な問題となる。

道路と並んでビル建設も進んだ。一例としてホテルを挙げれば、一九六一〜六四年、オリンピックを機に東京ではパレスホテル、ホテルオークラ、ホテルニューオータニが完成している。東京だけではなく、それぞれの都市を代表するビルがこの時期にたくさん建設された。地下鉄建設も含めて一九六〇年代の前半、東京は年がら年中ありとあらゆる所を掘り返していた「大建設ラッシュ」を経験したが、それは程度の差こそあれ日本全体に当てはまることであった。つづいて六〇年代の後半になると、現在までつづく「超高層ビル」の時代が幕を開ける。六八年（昭和43）に完成した三十六階建ての霞が関ビルを皮切りに、翌年までに全国で二十棟の超高層ビルが竣工。六九年には都庁の移転も含む新宿西口「副都心計画」もほぼ現在の形にまとまり、数年後には超高層ビルがいくつか竣工している。こうして七〇年代初頭には、都市もわれわれが今知る景観へとその姿をすっかり変えた。

◉「団地」とモダン・ライフ

オフィス・ビル、ホテルなどと並んで高度成長期に建設されたものに「団地」がある。大都市における住宅事情が戦後極度に劣悪化したことについては前章でふれた。戦後の大混乱期が一服してからも流入し続ける人々の受け皿になったのは、主として「木賃アパート」、すなわち六畳一間の部屋からなる木造民営アパートであった。東京では、一九六八年には住宅の三八パーセントが木賃アパート、四人に一人がその住民だったといわれる。そうした中で人々の羨望《せんぼう》の的となったのが「団地」である。

「団地」とは何か、今さら説明するまでもないことのようだが、「ダイニング・キッチン」付きの二DK〜三DKから成るコンクリート造りの集合住宅というコンセプトは当時新しいものだった。コンクリート造りの集合住宅というだけなら大正時代の「同潤会アパート」まで遡ることもできる。しかし今ではごく当たり前の「ダイニング・キッチン」はまさに新機軸であった。それまでは台所でつくった食事を畳の部屋に広げた「チャブ台」で食べていたのである。一九五〇年代に東京で幼年時代を過ご

影山光洋《手作りの小麦で待望のまぜご飯　この年、三男・賀彦が生まれた》
1964年

したわたしの記憶の中にも、チャブ台を囲んで食事をしていた光景がある。事実、井上忠司の興味深い研究（図4）をみても、テーブルがチャブ台にとって代わるのは、高度成長が終わりを告げた一九七〇年代の初頭のことだ。ダイニング・キッチンのほかにも水洗便所、ガスぶろ、それに南向きのテラス。いずれも時代を先取りするものだった。

団地には何十棟、大きなものでは百棟を超えるアパートが建っている。このように規模の点でも、戦後の団地は一九二〇年代の同潤会アパートと一線を画

図4　食卓形式の移り変わり

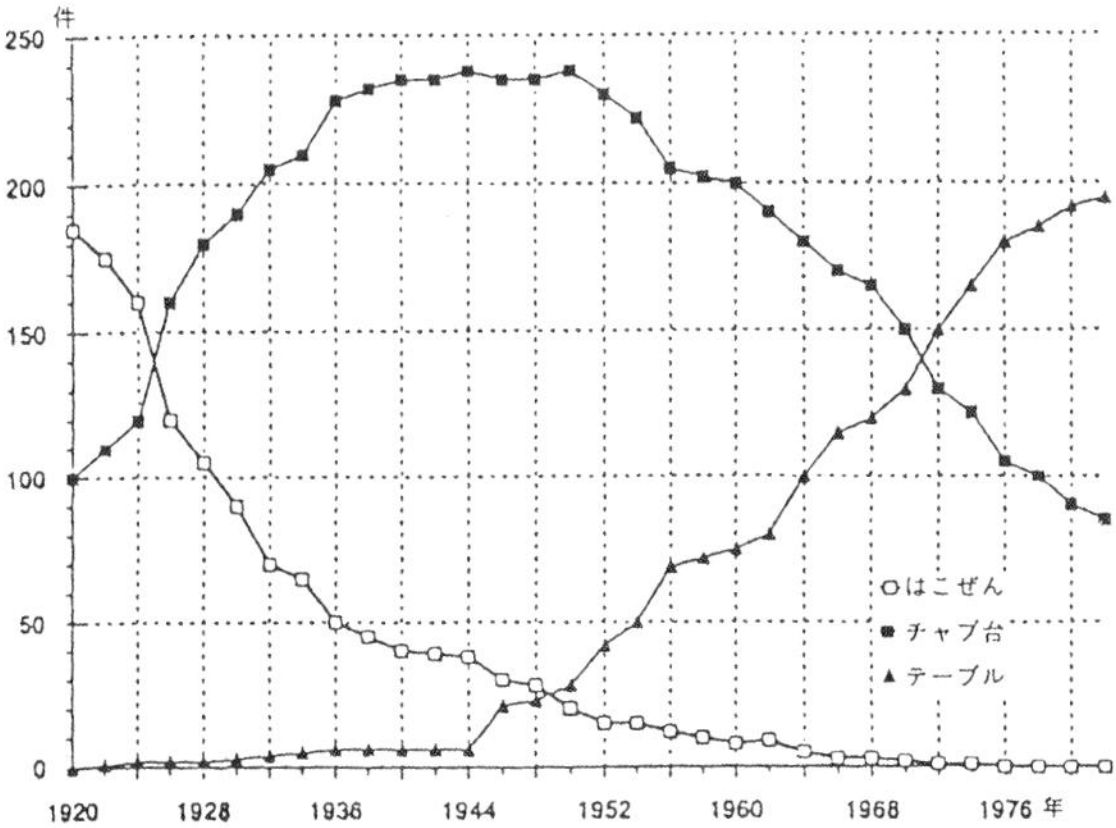

（出所）井上忠司「食卓生活史の調査と分析」、石毛直道・井上忠司編『現代日本における家庭と食卓――銘々膳からチャブ台へ』（国立民族学博物館研究報告別冊11号〈1991〉所収）

するものであった。一九八〇年代の初め、わたしは大阪で公務員宿舎に入った。打ちっぱなしのコンクリートがボロボロになり、見るも無惨に老朽化したアパート群が林立する一大団地である。「この公務員宿舎は東京オリンピック前に建てられたコンクリート造りアパートのモデル・ケースで、竣工時には文部省からえらい人が視察にやってきたものです」という話を、到着早々管理人のおばさんから誇らしげに聞かされたわたしは、一体これはわたしにとって喜ぶべき話なのか、悲しむべき話なのか判断に迷ったものだ。高度成長の時代、団地こそ時代を先取りする「モダン・ライフ」の先兵だった。

洗濯機、冷蔵庫、テレビなど次々と登場する耐久消費財ほどの派手さはなかったにせよ、生活をとりまく「衣」「食」も確実に変化していった。インスタント食品の登場はこの時代を象徴するものといえるだろう。一九五八年（昭和33）日清食品によって売り出された「チキンラーメン」が、インスタント・ラーメン第一号である。六六年には売り上げが三十億食に達したというから、一億国民全員が十日に一食くらいはインスタント・ラーメンを食べていたことになる。ラーメンのほかにもインスタント・コーヒー、チャーハンの素《もと》、プリンなどインスタント食品は次々に登場した。

高度成長の時代、万事物事は「遅」から「速」へ、「暗」から「明」へと変わっていった。そうした時代の流れは、当然、コマーシャル・ソングにも反映される。例えば、

明るいナショナル
明るいナショナル
みんな家中電気でうごく
明るいナショナル

明るいナショナル
ラジオ・テレビ
なんでもナショナル
（一九五五年、松下電器産業）

あるいは、

ひかる　ひかる　東芝
まわる　まわる　東芝
はしる　はしる　東芝
うたう　うたう　東芝
かがやく　ひかり　ひかり
強い　ちから　ちから
みんな　みんな　東芝
東芝のマーク
（一九六一年、東京芝浦電機）

人々の味覚も変わった。米の消費量が頭打ちとなる一方、パン食が増加しはじめる。トマト、レタスをはじめ洋風野菜や肉の消費も増える。脂っこい味が好まれるようになった。服部幸應『食材事典』（フジテレビ出版、一九九五年）には次のような記述がある。

だいたい、江戸時代にはマグロは最下魚で、塩をすりこんだ保存食品としてしか食されないものでした。マグロの刺し身が一般に親しまれるようになったのは、意外なことかもしれませんが、明治中期ごろからです。その後、だんだんとマグロも寿司ネタとして使われるようになったのですが、やはりその地位は低かったようですし、トロに至ってはただ捨てられる存在でした。これは、トロは猫またぎ、といわれていたことからも確かな事実で、脂の強さが敬遠されていたためです。しかし、東京オリンピック以降、洋風の食習慣が定着すると、脂っこさが美《お》味《い》しくなることもあるのだ、という意識がはっきりして、トロは美味しいものだと認識されるようになりました。ですから、トロが市民権を得たのは昭和三十年代以後ということで、いかにトロの歴史が浅いかがよくわかりますね。

味覚も時代とともに変わるのである。畳から板の間、チャブ台からテーブル、ふとんからベッド、米からパン。こうして並べてみれば鹿鳴館さながらの「文明開化」ではないか。

◉「いざなぎ景気」――高度成長の終焉

「三種の神器」と呼ばれた洗濯機・テレビ・冷蔵庫は、一九六〇年代の中ごろになると八割超の家庭に普及した。こうして、「生活革命」も一服するかに見えたその矢先、今度は「三C」と呼ばれる消費財が登場した。自動車、カラー・テレビ、クーラー（冷房機）である。いずれも一九七〇年（昭和45）に「消費者物価指数」の品目リストに加えられたモノであるが、六〇年代の後半にちょうど「三種の神器」からバトンを受け取るようにしてその後の「生活革命」を推進した。とりわけ自動車は、現代に至るまで日本の経済と社会にはかり知れない影響を与えることになる。一九六七年の乗用車保有率をみると、農家六・六パーセント、勤労者世帯七・五パーセントとまだあまり高くないが、免許取得世帯の比率は農家六三パーセント、勤労者世帯三九パーセントと保有率よりははるかに高い。「マイ・カー」という言葉が生まれた六〇年代の後半には、すでに本格的なモータリゼーションの素地が出来上がっていたのである。
「三C」をはじめとする新たな耐久消費財の登場により「生活革命」は一段と進んだ。日本経済はすでに神武天皇以来の好景気という意味で名付けられた「神武景気」(一九五四年十二月〜五七年六月)、つづいて天の岩戸以来の大好況「岩戸景気」(一九五八年七月〜六一年十二月)という二つの大型景気を経験していたが、一九六五年から七〇年にかけて五十七か月(最長記録)に及ぶ「いざなぎ景気」が訪れた。日本の神話を遡れるところまで遡り、いざなぎの命《みこと》が登場したところで高度成長もようやく終盤をむかえる。

この時期の「消費革命」により、日本人の生活は一段と「アメリカのような生活」に近づいた。五〇年代から六〇年代初頭にかけての「モダン・ライフ」が今からみればつつましいものであったのに対して、いざなぎ景気のころの生活の変化はそのまま現在につながるような変化であった。例えば衣服も今や実用を離れ、ファッションがリードするモノとなった。大橋歩の表紙に彩られた週刊誌『平凡パンチ』(一九六四年創刊)は、ファッション・音楽などアメリカ風のライフ・スタイルに関する情報を若い男性に送り続けていた。こうした流れの中で若者は「アイビー・ルック」という言葉を知り、やがてVANのシャツやセーターを着、「ジーパン」をはくようになった。

このころ若者の間に広まったファッションは、現在われわれが目にするものとそれほど大きな隔たりはない。

若い女性のファッションの変化はもっとドラスティックだった。六七年秋イギリスのファッション・モデル、ツイッギーとともに上陸した「ミニ・スカート」は、瞬く間に若い女性——後に「団塊」と呼ばれるようになる世代に属する女性の間に広まった。ひざ上十五センチのスカートは、確かに六〇年代末の「時代精神」を象徴するものだった。一世を風靡《ふうび》したCMソング——今や白黒テレビではなくカラー・テレビに流れる歌とともにレナウンがニットウエア「イエイエ」を売りだしたのも一九六七年秋のことだ。

一九六四年（昭和39）日本がIMF（国際通貨基金）「八条国」に移行したことにより海外旅行も「自由化」された。といっても、ヨーロッパ十七日間という本邦初の「海外ツアー」は、大学新卒サラリーマンの年俸の二倍以上したというから大変なものだ。海外に持ち出せる外貨も一人五百ドルまで。観光旅行で海外に行く人は少数だった。

六四年の海外渡航者数は二十一万人にすぎなかったが、オイル・ショックの起きた七三年には二百二十万人まで増加する。十年間で十倍である。円高が進んだ一ドル＝八〇円時代の今日とはたしかに比べるべくもない。しかし年間二百万人ということは、毎年一億人の日本人の五十人に一人が海外渡航することになる。一人一回とすれば十年間で全人口の五人に一人が海外旅行を経験するわけだ。十年前には思いもよらなかった海外旅行も人々にとってぐんと身近なものになった。

こうした例はいくらでも挙げることができる。要するに六〇年代の後半いざなぎ景気の時期に、われわれの生活はぐんと「現在」に近づいたのである。六六年から六八年にかけての三年間、日本は一年ごとにイギリス、フランス、西ドイツ（当時）三か国を抜き、アメリカに次ぐ「西側」諸国第二位のGNPをもつ「経済大国」となった。「いざなぎ景気」とともに高度成長は終わる。高度成長の終焉については第五章でもう一度ふれることにしよう。一九五〇年代の中ごろから二十年足らず、一九七〇年代初頭の日本は以前とは全く異なる社会へと形態変化をとげた。それからすでに四十年ほどの時が流れた。しかし現在の日本の社会は七〇年代初頭とそれほど大きく異なるわけではない。一九七〇年代の初め、街に出ればマクドナルドがあり、人々はハンバーガーを食べていた。その光景は今と大して変わりがない。一九五五年から七〇年までの十五年、わずか六千日足らずの間に生じた変化に比べれば、その後四十年間に生じた変化は小さい。

◉中国の高度成長

高度成長が耐久消費財の普及と密接に関連しているという事実は日本に限られたことではない。ここでお隣の中国について簡単にふれておくことにしたい。

中国では一九七八年末に鄧小平による「改革・開放」路線が打ち出されて以来、平均年率一〇パーセントを超えるような高度成長が続いてきた。もっとも、消費支出全体の中で食料品への支出が占める割合を表す「エンゲル係数」をみると、九〇年代に入ってからもなお五〇パーセントを超える水準だった。これは高度成長が始まる直前一九五〇年ごろの日本のエンゲル係数とほぼ同じ水準である。しかし高度成長を続ける中で、ちょうど日本と同じように多くの耐久消費財が普及してきた。

例えば中国語で「洗衣机」「電冰箱」と呼ばれる洗濯機と冷蔵庫の普及率についてみると、八一年には都市勤労者百世帯当たりこれを保有している世帯は、六・三および〇・二しかなかった（すなわち保有率はそれぞれ六・三パーセントと〇・二パーセント）。ところがわずか四年後の八五年になると保有率はそれぞれ四八・三パーセントと六・六パーセントまで急上昇した。洗濯機についてはほぼ二分の一の家庭が保有するまでになったのである。さらに二〇〇四年になると、保有率は九六パーセントとほとんどすべての家庭が洗濯機を保有するまでになった。こうした耐久消費財の普及の背景には、日本と同じように都市における所得の上昇があったのは言うまでもない。

都市に比べ所得が三分の一にすぎない農村では、耐久消費財の普及ははるかに遅れている。中国では二〇一〇年時点でも就業者の四割は農民だから、耐久消費財の全体としての保有率はそれだけ低くなる。しかし農村の所得が上昇するにつれて、耐久消費財が急激に普及していくことは確実である。ケータイ電話のように既に完全に普及しているモノもある（二〇〇四年の保有率は一一一・四パーセント）。十三億を超える人口を抱える中国で「生活革命」が完了したときの電力需要はどのような水準になるのか。中国におけるモータリゼーションがさらに進行した時のエネルギー需要は一体どのようにして満たされるのだろうか。

二〇一〇年、中国のGDPは日本を抜き、中国はアメリカに次ぐ世界第二位の経済大国になった。しかし中国の人口は十三億人と日本の十三倍だ。ということは一人当たりの所得はまだ日本の十分の一にも達していない。これこそが中国の高度成長の原動力である。もちろん中国の高度成長もいつか終わる。しかしいま中国は日本がかつて経験した高度成長の道を確固とした足どりで進みつつある。

第三章

技術革新と企業経営

川崎製鉄千葉工場

高度成長期には生活を一変するような新製品が続々と登場した。またそうした製品の価格がみるみるうちに低下していった。洗濯機にしてもテレビにしても、初めは到底人々の手に入るような値段でなかったのに、数年で価格が下がり、多くの家庭に普及したことは前章でみたとおりである。これらはいずれも「技術革新」の成果であった。

ケインズと並んで二十世紀を代表する経済学者シュンペーターは、(1)新しい商品や生産方法の開発、(2)新たなマーケットの開拓、(3)原材料の新しい供給源の開拓、(4)新しい組織の実現などを包括して「イノベーション」と呼んだ。イノベーションに成功したとき得られる「超過利潤」を目指す企業が群生的に現れる時、これが「好況」であり、それこそが資本主義経済の成長の主導因である。こうシュンペーターは考えた。シュンペーターが力説する「イノベーション」に「技術革新」という訳語を当てて世に広めたのは一九五六年(昭和31)度の『経済白書』である。「白書男」とでも呼びうるほどに活躍した官庁エコノミスト後藤誉之助の手になるこの年の『経済白書』は、「結語」において次のように述べた。

戦後日本経済の回復の速かさには誠に万人の意表外にでるものがあつた。それは日本国民の勤勉な努力によって培われ、世界情勢の好都合な発展によって育くまれた。

しかし敗戦によって落ち込んだ谷が深かったという事実そのものが、その谷からはい上るスピードを速からしめたという事情も忘れることはできない。経済の浮揚力には事欠かなかった。経済政策としては、ただ浮き揚る過程で国際収支の悪化やインフレの壁に突き当るのを避けることに努めれば良かった。消費者は常にもっと多く物を買おうと心掛け、企業は常にもっと多く投資しようと待ち構えていた。いまや経済の回復による浮揚力はほぼ使い尽された。なるほど、貧乏な日本のこと故、世界の他の国々にくらべれば、消費や投資の潜在需要はまだ高いかもしれないが、戦後の一時期にくらべればその欲望の熾烈《しれつ》さは明かに減少した。もはや「戦後」ではない。われわれはいまや異った事態に当面しようとしている。回復を通じての成長は終った。今後の成長は近代化によって支えられる。

そして「近代化」の内容を次のように説明している。

前に世界経済について述べたとき、技術革新（イノベーション）が高い成長率維持の根因になっていることを説明した。技術革新とはいうけれど、それはすでにみたように、消費構造の変化まで含めた巾の広い過程である。外国では技術革新をさらに拡張して、技術の進歩と、これに基づく内外の有効需要の構造変化に適応するように自国の経済構造を改編する過程を、トランスフォーメーションと呼んでいる。その内容として普通にあげられているのは、技術の進歩による生産方式の高度化、原材料と最終製品の間の投入—産出関係の変更、新製品の発展と消費の型のサービスおよび耐久消費財への移行、国内産業構造の高度化と結びついた貿易構造の変化、生産性の低い職場から高い職場への労働力の再配置などである。さらに最近では新しい世界情勢への適応として、後進国開発援助の動向などもこのなかに含めて考えられるであろう。われわれはこのトランスフォーメーションを経済構造の近代化と名づけることにしよう。

高度成長の開始にあたって、『白書』は将来の日本経済の動きを極めて的確に見通していた。技術革新は高度成長期、いや現在に至る日本経済を理解する上でまさにキー・コンセプトとなったのである。

◉旺盛な技術革新

技術革新の担い手は企業である。戦争直後には、復興にかける若々しく自由な雰囲気の中で新しい企業が続々と登場した。終戦の翌年一九四六年（昭和21）には後のソニーの前身東京通信工業が設立されているし、四八年に本田技研工業、五〇年には三洋電機というように、その後日本を代表するまでに成長する優良企業が数多く誕生した。こうした企業では、技術者が先頭に立って自らの夢を託した新製品の開発や新しい技術の導入に強力なリーダーシップを発揮した。ソニーの創業者の一人である盛田昭夫は、その著書の中で次のように述べている。

新製品の創造、それによる新しいマーケットの確立は、われわれにとって常に新しい挑戦となる。当然のことながら、企業は常に新技術を育て、新しい魅力ある製品を提供し続けていかない限り、厳しい生存競争を勝ち抜いていくことはできない。それには新しいテクノロジーが要る。（盛田昭夫『MADE IN JAPAN　わが体験的国際戦略』、一九八七年）

これが多くの企業の基本的な経営理念だった。

技術に敏感であったのは決して新興企業だけではなかった。大企業も技術開発や外国からの技術導入にきわめて積極的だった。例えば東レは巨額の特許料を払ってアメリカのデュポン社からナイロンに関する新技術を導入したし（五一年）、日産自動車もイギリスのオースチンと大規模の技術提携を行っている（五二年）。こうした大企業の積極経営を象徴するものが川崎製鉄による千葉工場の建設であった。平炉銑鉄を購入し製鋼のみを行う平炉メーカーだった川崎製鉄は、一九五〇年（昭和25）千葉に五百トン高炉二基、百トン平炉六基、さらに世界最高水準の連続式圧延機二基をもつ銑鋼一貫の大工場を建設する計画を発表した。当時の粗鋼年産五百三十万トンの一割ほどにも匹敵する年五十万トンの能力をもつ最新鋭工場の建設である。これに対し、日本銀行の一万田尚登総裁は「そうした工場ができてもペンペン草が生えるだけだ」と言ったと伝えられている。このような反対論にもかかわらず、川鉄千葉工場は五三年に一号高炉の火入れ式にこぎつけた。結果的には将来の鉄鋼需要の伸び、臨海製鉄所の輸送面での有利さ、最新技術導入の必要性、いずれの点でも川崎製鉄に先見の明があったことになる。

企業の新技術導入に関する積極的な経営姿勢は、一九五五年ごろから本格化する高度成長時代、終始一貫していた。こうした流れの中で、五五年には「日本生産性本部」が設立された。これはもともと経営側のイニシアティブで設立された機関であるが、当初から労働側の参加も得て「労使協調」の道を探った。基本的な理念は、労使協調して生産性を向上させ、生産性が上がったらその成果を労使で協議して適正に分配する、というものであった。こうした考えには当初労働者側から強い拒否反応があった。例えば八幡製鉄の労働組合は、五六年「労働者を犠牲にする生産性向上運動反対」というスローガンを掲げた。しかし六〇年になると同労組の運動方針は、「合理化の成果を収穫する闘い」へと変わっている。生産性の向上——しばしば「合理化」とも呼ばれる——は、労働者の雇用を脅かす「悪しきもの」ではなく、労使双方にとって「良きもの」である、という考え方はこうして次第に受け入れられ、現在に至るまで日本の企業に大きな影響を与えてきた。

新聞社における印刷の自動化技術導入は、高度成長時代に確立した「労使協調」路線が大きな成功をもたらした例である。新聞製作へのコンピューター導入は、一九六〇年代に始まるが、当初、漢字の存在が大きなネックとなっていた。しかし、編集・組版をコンピューター内で処理すれば、飛躍的な生産性向上が実現できることは明白だったので、各社とも実現に向けて努力した。その際、大きな問題となる旧い職場の消滅については、労使が協調し、「配置転換」や「職場研修」によって克服した。こうして日本の新聞社の多くは、一九八〇年代の初頭に全面自動化へ移行したのである。

これとは対照的にイギリスでは、一九八六年にロンドンのタイムズ社が印刷工程へコンピューターを導入しようとしたところ、大きな労働争議へと発展した。賃金の高い印刷工の全国的な組合はタイムズの合理化案を拒否し、一方、タイムズ社は組合員の全員解雇と新工場からの締め出しで応戦した。新聞の出荷を阻止しようとする労働者と警官隊の間に流血騒ぎが繰り返された。こうした例からも分かるように、高度成長時代に生まれた「労使協調」路線は、今日に至るまで日本経済の「強さ」を支える一つの柱となってきた。

さて、高度成長期に「鉄は国家なり」といわれたように、日本経済を代表する産業であった鉄鋼業を例にとって技術革新・合理化の足跡を眺めることにしよう。

一九五〇年代から六〇年代にかけての鉄鋼業における技術革新は、ちょうど五年ずつ四つの段階に分けられる。川崎製鉄によって千葉工場が建設された「第一次合理化計画」（五一〜五五年）の時期には圧延部門の近代化や平炉の大型化が中心となった。このころは合理化のために導入された新型機械の七〇パーセントを輸入に頼っていた。続く「第二次合理化計画」の中核となったのは、「ＬＤ転炉」である。

一九五三年（昭和28）にオーストリアの Linz／Donawitz の二工場で工業化に成功

したため頭文字をとって「LD転炉」と呼ばれる新しい製鋼法は、従来の平炉より圧倒的に優れたまさに革命的な新技術だった。LD転炉に関する最初の実験報告が載ったのはドイツの製鉄技術者協会誌『シュタール・ウント・アイゼン』一九五〇年十二月号である。この論文に日本で最初に注目したのは日本鋼管の技術者だった。一方アメリカではUSスティールをはじめ製鉄会社のエンジニアは、新たに生み出された革命的な新技術に当初全く気づかなかった。自らの技術に対する揺るぎない自信も邪魔したのであろう。とりわけ敗戦国ドイツ圏の技術開発には鈍感だった。日本でも「平炉派」の説得へそれなりの時間を費やしている。しかし八幡製鉄（五七年）、日本鋼管（五八年）など日本の製鉄会社は、五〇年代末に次々とLD転炉を導入した。USスティール（六三年）に先んじること五年である。こうして十年前には全く国際競争力をもたなかった日本の鉄鋼業は、世界のリーダーへの第一歩を踏み出した。

六〇年代に入ると各メーカーは君津・大分など臨海の大規模立地に銑鋼一貫製鉄所の建設を開始した。こうした動きは六〇年代の後半いざなぎ景気の時期になるとさらに加速し、年産一千万トン級の超大型製鉄所が生まれる。「大型化」は、この時期のキー・ワードであり、それを象徴するかのように一九七〇年（昭和45）八幡・富士の合併により新日本製鉄が誕生した。

川鉄の千葉工場から二十年、七〇年代には日本の鉄鋼業はアメリカを抜き、技術的には世界一位の水準に達した。粗鋼生産量でみても七三年には一億トンを超え、アメリカ、ソ連と肩を並べる三大鉄鋼生産国になった。皮肉なことにちょうど時を同じくして発生したオイル・ショック（一九七三〜七四年）を機に鉄鋼業は苦難の道を歩み始める。

しかしそれはわれわれの主題とは別のストーリーである。高度成長期を通して、鉄鋼業は旺盛な技術革新により良質な鉄を低価格で他産業に提供しつづけた。これが第二章でみたように、洗濯機・テレビ・自動車などわれわれの生活に身近な耐久消費財の普及を可能にしたのである。また大型タンカーの建造を通して、後にふれる「エネルギー革命」にも寄与することになった。

鉄鋼業における技術革新の成果がどれほどのものであったのか、ここで数字も一瞥《いちべつ》しておくことにしよう。**表4**にあるのは、一トンの銑鉄と鋼をつくり出すのに要する労働時間の推移である。したがって、この数字が小さければ小さいほど能率がよい。**表4**の数字の逆数は一時間当たりの労働がつくり出す鉄の数量、すなわち労働生産性を表す。

一九五〇年代の初頭から五七、八年ごろまでには、高炉による銑鉄部門でトン当たり所要労働時間が二分の一、つまり労働生産性が二倍に上昇している。一方平炉による鋼生産では四〇パーセントほどの生産性上昇に留まっている。しかし六〇年から統計に登場する転炉鋼は同年の平炉鋼一トンの所要労働時間一・五四時間に比べて〇・七五時間と一気に二倍の労働生産性を実現した。さらに六〇年代の十年間で高炉銑の生産性は三倍強、転炉鋼では二倍に上昇している。ちなみに六〇年代に転炉が登場するまで主役であった平炉では全く労働生産性の上昇がみられない。むしろ低下すらしている。まさに時代遅れの技術になったことがわかる。**表4**を全体としてながめると、一九五〇年代の初めから一九七〇年までの二十年間に、銑鋼いずれも十倍に労働生産

表4　鉄鋼業における労働生産性　（時間）

	高炉銑	平炉鋼	転炉鋼
1951	1.77	3.01	—
1952	1.71	2.93	—
1953	1.45	2.68	—
1954	1.36	2.46	—
1955	1.25	2.12	—
1956	1.07	2.00	—
1957	0.98	1.85	—
1958	0.91	1.83	—
1959	0.75	1.69	—
1960	0.66	1.54	0.75
1961	0.53	1.46	0.69
1962	0.48	1.57	0.68
1963	0.44	1.56	0.58
1964	0.38	1.36	0.48
1965	0.35	1.60	0.48
1966	0.30	1.62	0.42
1967	0.25	1.52	0.38
1968	0.21	1.72	0.38
1969	0.17	1.60	0.34
1970	0.16	1.87	0.34

（注）輸送・原料・分析検査・修理などを除く「直接工程」で要する所要労働時間。
（出所）労働省『労働生産性統計調査報告』

性が上昇している。これが「技術革新」の成果である。

技術革新の成果はもちろん労働生産性の上昇に限らない。まったく新しい素材、部品の登場もあった。ここでは、技術革新に基づく新しい部品が生きるためには、そうした部品を用いた「製品」に対して十分な需要が存在しなければならない、ということを強調しておきたい。

一九五〇年代におけるトランジスタは格好の例である。すなわち、日本におけるトランジスタの生産については、これを用いた小型ラジオ、「トランジスタ・ラジオ」を抜きにして語ることはできない。トランジスタ・ラジオあってのトランジスタだったのである。一九五一年（昭和26）から始まった民間のラジオ放送と相まって、トランジスタ・ラジオはあっという間に国内で普及した。またこのころ、ソニーは海外市場の開拓にも成功し、トランジスタ・ラジオは重要な輸出品となった。こうしたトランジスタ・ラジオに対する旺盛な需要が、トランジスタの生産を一つの産業として存立させたのである。

高度成長も終わりに近付いた一九六〇年代の後半になると、ＩＣ（集積回路）と「電卓」（電子式卓上計算器）の間に同じような相乗的な発展プロセスが生まれた。一九五九年（昭和34）に発明されたＩＣは、アメリカではもっぱら軍事産業で用いられ発展した。

軍需の存在しない日本では、ＩＣが大量に使用される素地に乏しかったともいえる。ところが実際には、「電卓」という他の国々ではそれほど普及しなかった商品が日本では爆発的にヒットし、この「電卓」とＩＣが相互に刺激しながら技術が進歩したのである。

高度成長が終焉した後、七〇年代になると、本格的なエレクトロニクス時代を迎え、ＩＣは「産業のコメ」と呼ばれるまでになる。その土台は、「電卓」という日本独特の国内需要に支えられて築かれたということができるだろう。

◉投資が投資をよぶ

以上にみたように技術革新の成果は、いずれも新しい機械や設備、すなわち投資によってもたらされる。大型高炉、ＬＤ転炉の導入、あるいは臨海コンビナートの建設などいずれも設備投資の一例である。したがって技術革新によって支えられた高度成長とは、別のいい方をすれば「投資主導」の高度成長にほかならなかった。

鉄鋼業において鋼板などをつくる圧延部門の技術革新が進めば薄板価格の低下と品質向上により、家庭電気製品・自動車などの価格や品質に大きな影響を与える。価格の低下は洗濯機やテレビ、自動車の普及を可能にした。このことについてはすでに述べた。ところで家庭電気製品や自動車の需要が拡大すれば、こうした産業において生産能力を増強するための投資が必要になる。そこから工場で使用される機械に対する需要が生まれ、それはさらに機械産業における投資を生み出す。一方、自動車や耐久消費財の生産拡大はゴムタイヤや合成樹脂などまったく新しい素材に対する需要も生み出す。これが石油化学産業の投資を刺激する。こうした各産業における旺盛な設備投資は、元に戻って高炉の大型化、銑鋼一貫の臨海工場の建設など鉄鋼業における投資をさらに盛り上げる。

要するに鉄鋼のような「川上産業」における投資・技術革新が価格の低下と品質の向上を通して家電や自動車など「川下産業」の需要を拡大し、こうした産業における投資を増大させる。逆に「川下産業」における生産の拡大や投資は「川上産業」の製品需要を生み出すから「川上産業」で再び投資が増大する。これが高度成長期の日本経済の姿であった。一九六〇年（昭和35）の『経済白書』は、こうした日本経済の姿を「投資が投資をよぶ」という巧みな言葉で表現した。これは一九七〇年代以降の日本経済には失われた高度成長期の特徴であった。

この時期の設備投資の伸びがどれほどすさまじいものであったか、ここでは石油化学産業を例としてみておくことにしよう（表5）。一九五〇年代の後半から七〇年のピークに向けて、石油化学産業の投資は十五年間で十倍以上に成長した。しかし七〇年でピーク・オフした後は二、三年のうちにほぼ二分の一の水準まで下落している。ここでは、こうした下落が七三年のオイル・ショックに先行して起きていることに注目しておく。この点は高度成長の終焉、あるいは高度成長を生み出したメカニズムを理解する上で重要なポイントとなるからである。われわれは第五章で再びこの問題を詳しく論じることにしよう。

表5　石油化学工業への設備投資

年度	エチレン生産能力（千トン）	設備投資金額（百万円）	実質設備投資（1970=100）
1956	0	8,349	3.3
1957	0	24,017	9.5
1958	43	23,396	9.9
1959	115	27,555	11.5
1960	115	38,494	15.9
1961	160	66,435	27.2
1962	316	55,904	23.3
1963	378	62,017	25.4
1964	633	91,229	37.3
1965	1,080	110,921	45.0
1966	1,190	77,202	30.6
1967	1,565	109,215	42.5
1968	1,970	202,837	78.3
1969	2,480	216,547	81.8
1970	4,010	274,299	100.0
1971	4,330	251,762	92.5
1972	4,980	152,467	55.6
1973	4,980	140,195	44.1
1974	5,065	240,818	57.7
1975	5,145	280,650	65.3
1976	5,185	226,853	50.0
1977	5,215	192,680	41.9
1978	5,235	110,643	24.7
1979	6,079	117,016	24.3
1980	6,257	200,614	35.4

（注）「実質設備投資」は、設備投資金額を卸売物価指数でデフレートした上で指数化（1970＝100）したもの。
（出所）渡辺徳二・佐伯康治『転機に立つ石油化学工業』

◉変わる職場

さて技術革新は労働者の雇用、賃金のあり方にも大きな影響を与えた。ここでは戦前の日本製鉄時代から戦後の八幡さらに新日本製鉄まで四十年間、一貫して労務を担当された小松廣氏の話に耳を傾けることにしよう。氏によれば「（朝鮮戦争）当時の採用基準は、そもそも鉄鋼労働者というのは重筋・高熱労働に耐えられるものでなければならないという考えが強かったから、学歴よりも例えば米俵を担げるかというようなことの方が重視された」。しかし第二次・第三次合理化計画の時期に当たる一九五〇年代の後半から六〇年代になると事態は一変する。

この時期の社員採用の動きの中で特筆大書されることは何といっても高校卒採用の方針が確立したことであろう。……第一次合理化に次ぐ第二次合理化を断行することによって、日本の鉄鋼業が、下手をすれば溶鉱炉の火が消え、絶滅してしまうかもしれないというような瀬戸際の状態から、なんとか立ち直らなければならない大切な時期であった。しかも、その日本の鉄鋼業の再建をかけた綱渡り的合理化を行うにも、当時の鉄鋼業にはそれだけの力が貯えられていなかったから、すべて借金に頼らざるをえなかった。その血のにじむような思いをして入れた新鋭設備を使いこなすためには、従前の小学校出の熟練工ではとても無理であった。例えばドイツから輸入した新鋭機械の横文字が読めないとか、電気操作を行うにしても電気の基礎理論がわかっていないということでは困るし、また高炉にしても、火かげんをみてリンが多いか、少ないかを判断するような時代ではなくなっていた。古い熟練工達には、たしかに強い愛社心があったし、会社への帰属心も強かった。しかし、それだけでは日本の鉄鋼業を世界の鉄鋼業界の中で発展させていくことはできなかった。(「日本的雇用慣行を築いた人達――小松廣氏にきく(2)」、『日本労働協会雑誌』一九八二年三月号。上記本文の引用も同じ)

表6は五七年に新しい設備を導入した圧延工場における労働者の年齢・学歴構成である。これは上記小松氏の話を裏づけている。技術革新による機械設備の「高度化」に伴い、労働者の若返りと高学歴化が進んだわけである。もっともブルー・カラーにおける高卒・高専卒への移行がすべての産業で進行したわけではない。電気機械・自動車など機械産業ではむしろ逆の動きもみられた。トヨタ自動車の例(表7)がこのことを如実に示している。トヨタでは正規社員の中でも中卒が主体であるし、何よりも臨時工の多さに驚かされる。この傾向は高度成長期を通してつづく。

表6
鉄鋼圧延部門における年齢および学歴構成別の比較

（1960年7月）　　（人）

区分		旧圧延	新圧延
年齢別	合計	50	47
	20歳未満	0	0
	21 ～ 25	0	15
	26 ～ 30	3	19
	31 ～ 35	9	8
	36 ～ 40	13	4
	41 ～ 45	17	1
	46 ～ 50	3	0
	51歳以上	5	0
学歴別	高小	50	21
	新中	―	6
	旧中・新高	―	3
	工高	―	17

（注）1957年にホットストリップ・ミルを新設した鉄鋼圧延工場についての労働省調査。
（出所）労働省『労働統計調査月報』1960年12月

表7　トヨタ自動車年次別・学歴別正規採用人員一覧表

学歴／年度	新大院	旧大大院1年修	新大		短大高専	新高		中学			計	臨時工
			男	女		男	女	看卒	男	女		
1951												
1952							6				6	
1953		6	8				31	3	31		79	
1954	1		12				18	9	37		77	
1955			8			8	8	10	16		50	
1956		3	15				11	10	17		56	200
1957	3		34		女 1	19	22		54		133	362
1958	1		35		女 1	15	59	10	47	28	196	198
1959	1		38	3		30	31		82	28	213	1,465
1960	2	1	48	3		64	60	10	152	45	385	3,752
1961	1	2	95	5	女 3	122	96		230	64	616	3,366

（出所）「日本的雇用慣行を築いた人達（その二）――山本恵明氏にきく(2)」、『日本労働協会雑誌』(1982)

さて鉄鋼業で典型的にみられたような技術革新による職場の再編成は、賃金の支払い体系にも影響を与えた。例えば「職務給」の導入。問題の所在を、新日本製鉄の社史は次のように説明している。一九五八年の秋、当時の八幡製鉄では職務給の導入を検討し始めるが、「人事・給与制度上の解決を迫られている問題」として次のような点が挙げられている。「技術革新その他の事情から新しく発生した職務が、事務職、技術職、作業職等の大職分に明確に区分しにくく、大職分間の領域に混乱が生じてきていること。技術革新による機械設備の近代化が、作業職社員の職務内容の変更（肉体労働から頭脳労働へ）をもたらし、作業職社員の人的構成でも、高卒がその主体となってきたことから、下層事務職との競合を招き、処遇面での統一的基準を必要としてきていること。特に作業職社員の職務内容の変容にともなって、経験年数に基づく職分序列と技能または職務の価値序列とのあいだに乖離《かいり》が生じてきていること」。この点について前出新日鉄の小松廣氏は次のように語っている。

高校卒の若い人達が、横文字を読み、新しい機械設備をうまく動かし、一生懸命働いているとすれば、年配の熟練工達もいつまでも旧来の年功的な賃金制度のままではいけないということに気付くようになる。また、他方では、そうはいっても旧来の賃金制度を職務給制度に一気に切り替えてしまえば、年配者の賃金よりも若い高校出の者の賃金の方が高くなってしまう。そういうことになっては、中高年層の企業意識に悪影響を与えることになる。そうした企業内の労働者意識のいろいろな微妙なバランスを考えながら、職務給制度を導入していったのである。（同上(3)、一九八二年四月号）

技術革新に伴って新たな技能は、こうして会社の仕組みにも大きな影響を与えることになった。

◉理工系学生の増員

「技術革新」はその担い手としてのエンジニアに対する膨大な需要を生み出した。文部省は一九五七年（昭和32）十一月、理工系学生を三年間で八千人増員する「科学技術者養成拡充計画」を発表した。産業界のニーズを背景にしていたことはいうまでもないが、ちょうどこの年の十月、ソビエトが最初の人工衛星スプートニクの打ち上げに成功、アメリカに大きなショックを与え、全世界は「理工系ブーム」の時代に突入した。このような時代潮流の中で五七年にスタートした理工系学生の増員計画はその後さらに拡大され、六〇年代を通して理工系学部の新設・拡充が相次いだ。表8は、一例として東京大学の学部別学生数（一学年）が一九五九年から六七年にかけてどのように変わったか調べたものである。理工学部、とりわけ工学部の大拡充がきわだっている。

表8　東京大学の学部別学生数の変化（1959～67年）

年	工学部	理学部	法学部	文学部	経済学部	農学部	医学部
1959	453	132	645	326	309	195	93
1965	784	180	603	339	325	203	120
1967	845	205	625	340	321	194	116

（注１）前期２年（1、2年生）の全学生が所属する教養学部と、学生数の少ない教育学部と薬学部は省略した。
（注２）下記の統計に基づき医学部は４年、他の学部は２年分（3、4年生同数）の学生が在籍するものとして１学年の学生数を推計した。
（出所）『東京大学百年史　資料三』（東京大学出版会、1986）

こうした理工系学生重視は大学に限らず一九六二年（昭和37）には国立の工業高等専門学校も発足している。「高専」は高校と短大が一体化した五年制の学校であるが、工業高校と大学のちょうど中間に位置し、その使命は「工業に関する中堅技術者の育成」にあった。六二年十二校でスタートした高専も六〇年代を通じて大幅に増加していった。「技術者が足りない」――これがこの時代のスローガンであった。日本の教育制度は高度成長下、急速に理工系シフトを強めたのである。

一国の教育制度のあり方は、経済に与える影響、あるいは目に見えるような物理的な「進歩」に対する貢献という観点からのみ評価されるべきではない。例えば古く中世まで遡る欧米のユニバーシティーの伝統の中では、「実学」は医学などの例外はあるにせよ、重きを成してはいない。近代に入ってからも、実学の代表格ともいえる工学はユニバーシティーの外部で研究・教育されてきた。こうした欧米の伝統からすれば、わが国の大学における明治以来の実学重視はむしろ例外であったとすらいえよう。

一九六〇年代前半における理工学部の大拡充をわれわれはどのように評価すべきか。「理工系シフト」が六〇年代後半以降現在に至るまでわが国の製造業、とりわけ機械産業における旺盛な技術革新を支えてきたことは否定できないだろう。反面、教育に関してわれわれが失ったものはなにか。ここではこの難問に答えることはできない。ただ問題提起にとどめることにしたい。

◉石炭から石油へ

高度成長期には、エネルギー供給についても石炭から石油へという大転換が生じた。高度成長の始まる直前、一九五〇年ごろには半数以上の日本人が暮らす農村ではまだ自給の薪・炭がエネルギー供給上最も重要な役割を果たしていた。しかし国全体では工業・鉄道・都市で使われる石炭が最大のエネルギー源だった（表9）。戦後の復興期にも石炭は鉄と並んで、日本経済の困難を打開することが期待された。一九四六年（昭和21）十二月に閣議決定されたいわゆる「傾斜生産方式」の下で、石炭は優先的に物資や資金の割り当てを受けたのである。このように、石炭業は日本経済の屋台骨を支えるまさに中心的な産業であった。五〇年にはこの産業で働く労働者は三十五万人、働く日本人のうち百人に一人が石炭産業に関わっていた。

表9　一次エネルギー供給源

年度	水力	石炭	石油•LNG	原子力	天然ガス	計
1945	50.8	135.5	2.4	―	0.4	193.1
1950	92.6	234.9	28.7	―	0.7	401.9
1955	174.7	302.9	112.7	―	2.4	641.3
1960	157.8	415.2	379.3	―	9.4	1,008.1
1965	179.4	456.5	1,006.8	0.1	20.3	1,689.1
1970	178.9	635.7	2,298.9	10.5	39.7	3,197.1
1975	192.4	599.9	2,686.4	56.5	92.3	3,662.2

（出所）矢野恒太郎記念会編『数字で見る日本の100年　改訂3版』（国勢社、1991）表4-11より。同表は通商産業省「総エネルギー統計」および電気事業連合会「電気事業便覧」に基づく。

しかし一九五〇年代の初頭から石炭産業は急速に衰退を始める。第二次世界大戦中に中東で大規模の油田が次々に発見され、タンカーの発達により安価な石油が大量に輸送可能になったからである。もともと技術的にはエネルギー源として石油と比べて不利であった石炭は、コストの面でも石油との競争に完全に敗北した。五〇年代の後半、キロカロリー当たりの石炭の価格は石油の三割高であったといわれる。表9からもわかるように、五〇年代に始まった石炭から石油へという流れは六〇年代に入るとさらに加速する。六〇年にはいまだ四一パーセントのシェアを保持していた石炭は、七〇年代になるとそのシェアを一〇パーセント台まで低下させた。こうした潮流は決して日本に限られたことではない。もともと石油の比重が大きかったアメリカを例外とすれば、ドイツ、イギリス、旧ソ連などいずれも日本と同じような道すじをたどっている。

必然ともいえる「エネルギー革命」の進展への対応は決してスムーズなものではなかった。五〇年代の初めから人員整理、中小炭鉱の倒産・閉山がはじまるが、その後の歴史はストと「合理化」の中での不幸な鉱山事故の連続だった。その頂点が一九六〇年(昭和35)の「三池闘争」である。

五九年三井鉱山は企業の存亡に関わるような厳しい環境の下で、賃金切り下げ、希望退職者の募集など大幅な「合理化」案を発表した。三池からの希望退職者が他の五山と比べて小さかったことから、会社側は組合のリーダーを含む千二百名を指名解雇し、さらに六〇年一月に三池炭鉱のロックアウトに踏み切る。これに対抗して三池労組は無期限ストへ突入した。以後十一月一日まで二百八十日余りにわたり、度重なる流血事件の中で、地裁の仮処分や中労委（中央労働委員会）の斡旋などいずれも解決の糸口を与えられないままに泥沼的な状況が続いた。

三池事件は時あたかも六〇年安保の政治闘争と重なり、「総資本対総労働の対決」という言葉が端的に表しているように労働・資本いずれの側からも象徴的な意味合いを担わされた。しかし「エネルギー革命」の必然的帰結を全く無視した政治闘争が炭坑労働者にもたらしたものはあまりにも無残であった。

◉流通革命・通信革命・?革命

「革命」と呼びうるほど大きな変化が起きたのはエネルギーだけではない。流通・通信・交通などわれわれの生活を支える広範な「サービス産業」でも大きな変化が生じた。

一例として電話の普及をみてみよう。一九五五年（昭和30）には約二百万であった電話加入者数は、十五年後の七〇年（昭和45）には千五百万まで増加している。もっとも、これには会社や役所など事務所が多数含まれている。そこでわれわれの日常生活に身近な住宅用の加入者数の変化をみると、五五年十八万、七〇年六百八十万と実に三十八倍。これをそれぞれの年の世帯数で割ると、百分の一、および四分の一になる。個人の住宅電話は、五五年の百軒に一台から四軒に一台にまで増加した。

流通においても、スーパー・マーケットの登場に代表されるように「近代化」が進んだ。高度成長が始まってからも、零細な小売商や前近代的な問屋を多数抱える流通業は、農業と並んで、「伝統的部門」を代表する存在であった。毎朝、家々を回って歩く八百屋や魚屋の「御用聞き」、町の豆腐売り、近郊の農村から野菜をカゴいっぱいしょってやってくる「かつぎ屋」など、たしかに新鋭の機械設備を擁する大工場とは別世界のものだった。そうした中でスーパーが登場する。

多品種・薄利多売をモットーとするスーパーの特徴は、「セルフ・サービス」である。わが国におけるセルフ・サービスの嚆矢は、東京・青山の紀ノ国屋（一九五三年＝昭和28）だといわれるが、五〇年代の末にはダイエー、イトーヨーカ堂など大手スーパーが続々と誕生した。その後、今日に至るまでスーパーは人々に広く受け入れられ、小売業界におけるシェアを一貫して拡大してきた。五年に一回行われる総務庁「全国消費実態調査」によれば、一九六四年（昭和39）には一般小売店のシェアが七三パーセント、スーパー七・七パーセントであったのに、高度成長の終わった七四年（昭和49）には、それぞれのシェアは六三パーセント、一九パーセントとなっている。それからさらに二十年後、一九九四年（平成6）の小売店、スーパーのシェアは、四一パーセント、二九パーセントである。鉄鋼生産において飛躍的な労働生産性の上昇を生みだした大型高炉やＬＤ転炉とは性質が異なるが、スーパーの登場も「新しい組織の実現」という意味でシュンペーターのいう「イノベーション」にほかならない。

鉄道からトラックへという輸送革命、石炭から石油へというエネルギー革命、通信革命、流通革命……と数えだせばきりがない。こんなに「革命」に囲まれたのでは身がもたないようであるが、これが「技術革新」によってもたらされた高度成長時代の日本の姿であった。

第四章

民族大移動

上野に到着した集団就職者第一陣（1962年）

一九六〇年（昭和35）に刊行された並木正吉『農村は変わる』は、農村そして日本の農業に起こりつつあった大きな変化を的確に分析した名著である。その「はしがき」には次のように書かれていた。

この一、二年の間、中学・高校を卒業した農家のあととりだけについてみても、その半分以上が農業をやらず、他の職業に就くようになっている。それだけでなく、あととりの七、八割までが、他産業に就職するという府県が二〇近くにのぼっている。このような動きの素地は、今度の戦争中から存した。しかし、これほど徹底的になったのは、戦後、しかも、せいぜい、この四、五年のことである。この流出にみられる変化の幅のひろさ、奥ゆきの深さ、テンポのはやさは、正に、雪崩《なだれ》、地すべりと形容するにふさわしい。もはや何人《なんぴと》も、そして何ものも、この地すべり的な移動を止めることは不可能であろう。

並木が「雪崩、地すべり」と形容した農村から都市への人口移動は、その後七〇年代の初頭までつづく。高度成長期を通して、日本列島の内部では歴史上未曽有の「民族大移動」が生じた。民族大移動の実態は図5にあるとおりである。三大都市圏への人口流入は高度成長とともに五〇年代後半から急激に増大し、オリンピック直前にピークをむかえる。やがて七〇年代に入り高度成長が終焉すると、人口流入もストップした。このように大都市圏への人口流入は、経済成長と平行した動きをしてきた。ちなみに第一次オイル・ショックが勃発したのは七三年（昭和48）秋である。七三〜七四年にはすでに人口流入がほとんど停止状態まで減少していたことに注目したい。高度成長の終焉とオイル・ショックの関係について考える際に重要な論点となるからである。高度成長は第一次オイル・ショックとともに終わった、と考える人が多いが、本書では違う考え方をする。この点については第五章でもう一度ふれることにしよう。

図5　三大都市圏への転出入超過人口の推移

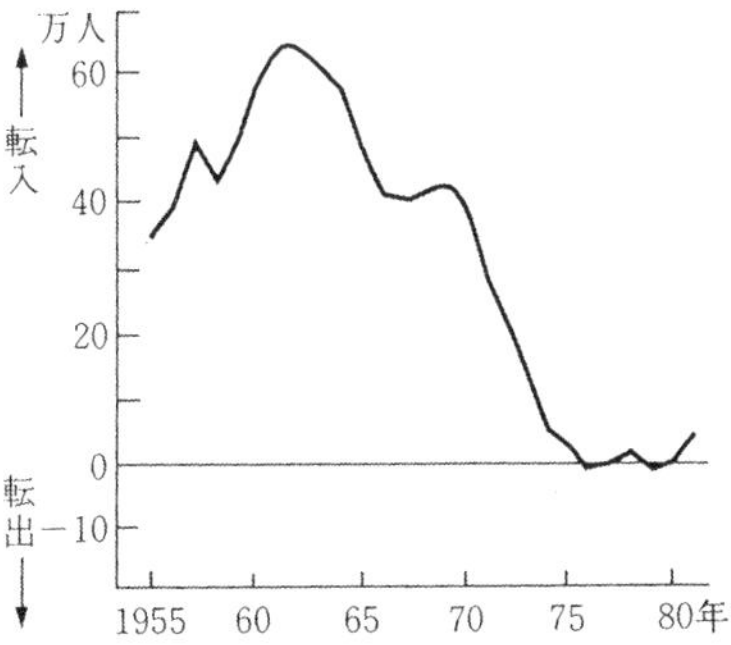

（注）　総務庁統計局『住民基本台帳人口移動報告年報』により作製。

◉集団就職

ところで「大移動」の中心的な担い手

表10　中学卒労働力の供給地域（1961年）

受け入れ地	合計（人）	北海道東北	関東	山梨長野	北陸	近畿	中国	四国	九州
東京	38,713	16,269（42%）	11,218（29%）	1,921（5%）	3,103（8%）				1,857（5%）
大阪	28,847				791（3%）	2,964（10%）	6,340（22%）	6,550（23%）	10,269（36%）

（注）東京は神奈川・千葉を含む。東京・大阪とも上位5つの供給地域のみを掲げる。
（出所）労働省『職業安定業務統計』

は若者、とりわけ学校を卒業して新たに働き始める「新規学卒者」であった。高度成長の直前一九五〇年（昭和25）には、女子の三人に二人、男子でも二人に一人は中学を出ると働き始めた。高度成長が本格化する一九五五年においても、同年代の男女合わせて二人に一人は、中学を卒業すると、まだ体にも心にもいたる所に幼さを残したまま十五歳にして一人前の働き手となったのである。彼らは「民族大移動」の先兵だった（第四章扉写真参照）。

労働省（現、厚労省）の『職業安定業務統計』によれば、一九六一年（昭和36）中学卒業の「新規学卒者」のうち三八パーセントが出身県外の府県で就職している。県外就職者の九三パーセントは東京・大阪・愛知三大都市圏に就職しているから、県外に出るということは故郷を遠く離れた大都会に行くということを意味していた。**表10**には東京・大阪への中卒の供給地域を掲げてある。東京へは北海道・東北から、大阪へは九州・四国・中国からというはっきりとした東西分化が見いだされる。狭い島国の中でも、東と西はまだ遠く離れた地域であった。

彼らは地元の職業安定所や学校を通して雇い主とめぐり会い、春になると先生に引率され「集団就職」した。そのために国鉄は臨時列車を走らせた。東京で北から少年少女が到着するのは上野駅である。五九年四月二十六日号の『週刊読売』は、青森の古川中学校の集団就職を次のように報じている。

上野駅に就職列車がつくと、例年のように都労働局や都内各職業安定所の人たちの出迎えをうけ、須藤先生は三十人の少年少女といっしょに駅に近い下谷小学校に案内されました。少年達は校庭で赴任地区別に区分けされ、出迎えにきている店の主人に引き渡されるのです。

他県からの就職組もあわせて千名をこえる大集団のなかにまじった三十名の教え子たちに、須藤先生は大きな声で最後のあいさつをしました。

「みんな店へ行ったらしっかりやるんだよ。先生は明日から君たちの店をたずねてまわって、君たちの働きぶりをみてから青森へ帰る」。

しかし須藤先生が二週間かけて教え子の働きぶりを見回るうちに、すでに姿を消してしまっている少年もいた。

集団就職した少年少女の中には大企業のブルー・カラーとなる者もいた。繊維産業の労働者や「トランジスタ・ガール」となった女子はその代表である。また男子の中には「養成工」として採用され、三年間仕事を離れた訓練、すなわち「オフ・ザ・ジョブ・トレーニング」を受けた上で、ブルー・カラーの中核である「基幹工」となる者もいた。第三章でみたトヨタ自動車の例（表7）からもわかるとおり、正規に採用されたこのような中卒者はブルー・カラーの圧倒的多数を占める臨時工と比べまさにエリートであった。しかし、こうした恵まれた職場に行き着いた者はむしろ少数者だった。雇い主から「金の卵」と呼ばれた彼らの多くは中小企業に就職し、大都会の片隅で仕事や生活への不満を圧《お》し殺すようにして毎日の生活を送っていた。群馬県から集団就職で江東区にあるIランプに就職した小山君は、そうした少年達の一人だった。

彼らの一日は朝六時からはじまる。七時までには食事をすませて食器を洗い、仕事にかからなければならない。めしたきは一年先輩の少年工たちが当番制でやる。
食堂は社長の家につながった板の間の部屋で、長い白木のツクエに坐って食べる。おかずは、朝はミソシルと菜っぱの塩づけ。同じ菜っぱがミソシルの中にも浮かんでいる。昼はカブの塩づけとつくだ煮。夕方はつけものだけということが多く、小山君らがいた二週間のあいだに魚がついたのは三回きりだ。それに、農家の出が多い少年たちにとっては、ドンブリにもられた外米のニオイがとくにこたえた。

朝食が終ると、七時から仕事にかかる。始業は八時なのだが朝の一時間は時間外勤務になるのだ。これには時間外手当がつかない。

十二時十五分から一時まで、昼休み。こまるのは百八十名の従業員に対して、便所が一つしかないことだ。待たなければ入れないのだが、待っていると職長におこられる。ついがまんしているうちに腹痛を起こすことが多くなった。

七時か八時に夕食をとると、仕事は終りになることもあったが、残業で十時ごろになることもある。それから十二時前後に寝るまでが少年たちには楽しい時間だが、入社一週間目ぐらいになると修学旅行気分もなくなって、「家へ帰りたいな」という声が合言葉のようになってきた。（『週刊明星』一九五九年四月二十六日号）

夢破れて故郷に帰る少年少女もいたが、多くは大都会に留まり他の職場を求めた。いずれにしてもそれは「終身雇用」とは無縁の世界だった。従業員が十人以上の企業のみを対象としているために制約はあるが、労働省『雇用動向調査』によって中卒で新規に就職した少年少女たちの転職行動を調べてみよう（**表11**）。

表11　中学新規学卒離職者数
（1964年、1〜6月、「調査産業計」）

企業規模	(1) 離職者数（人）	(2) 入職者数（人）	離職率（%） (1)／(2)
計	62,100	451,800	13.7
500人以上	10,800	124,700	8.7
100〜499 人	20,900	155,400	13.4
30〜99 人	20,500	114,200	18.0
10〜29 人	10,000	57,500	17.4

（出所）労働省『雇用動向調査報告』（1964）

この表の「入職者」「離職者」には、六四年の三月に中学を卒業した者だけでなく六三年三月に卒業した者も含まれる。例えば「入職者」の中には、六三年三月に就職した後に離職し六四年一〜六月中に再就職した人も含まれているはずだ。こうした問題点があるが、とりあえず一つの目安をえるために、この統計を使って「離職率」を計算してみる。

予想されるように、五百人以上の大企業より中小企業における離職率の方がはるかに高い。従業員十〜九十九人の規模だと、六人に一人以上の率（半年間）で少年少女たちは離職した。ということは、二年間経つと平均して二人に一人は勤め先を辞める計算になる。前にも書いたとおり、この統計は従業員十人以上の企業しか対象にしていないが、中卒の少年少女の就職先にはもっと小さい「企業」、例えば家族だけでやっている商店のようなものも多かった。八百屋や魚屋の「御用聞き」、何段にも重ねたソバを肩にのせ巧みに自転車を操っていたソバ屋の「出前」など、都会の商店街で働いていた若い店員たちを想い出せばよい。こうした零細な企業や商店では離職率はさらに高かった。仮にこれを六分の一ではなく四分の一（半年間）とすれば、二年間で十人中七人が少なくとも一度は離職する。そのうち二人は二年間に二度職を替えることになる。

岩本隼氏の手になる図6は、一九六三年（昭和38）に宮城県の上沼中学を卒業し集団就職した男女三十五人のその後の十年間を追跡調査したものである。『雇用動向調査』に基づきわれわれが行った計算から得られるのと同じようなイメージ、すなわち「終身雇用」とは全く無縁な世界が生き生きと描き出されている。

（出所）岩本隼「十年前上野駅に着いた金の卵
——ある集団就職の運命」
（『週刊新潮』1973年6月21日号）

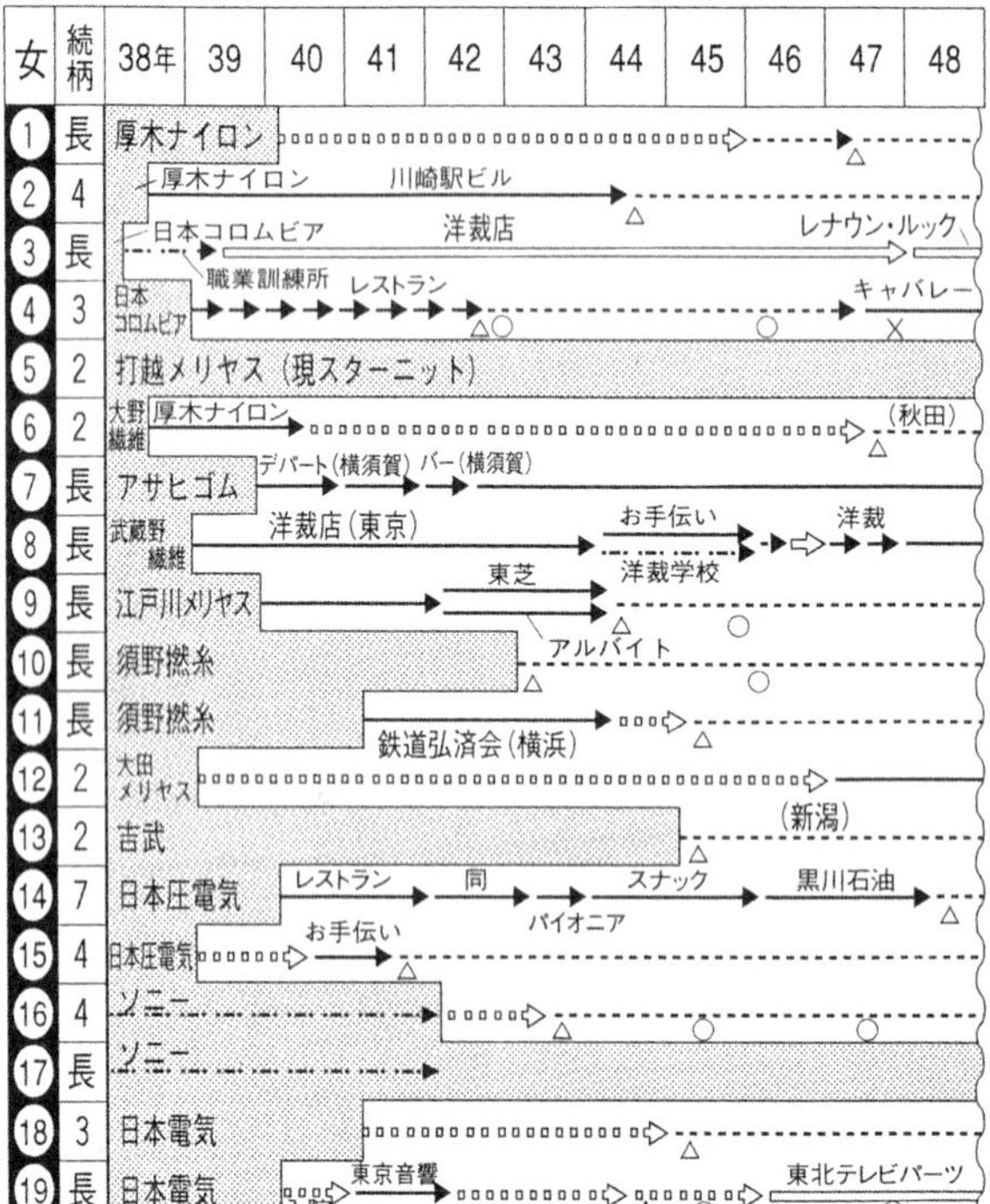

図6　上沼中学（宮城県）集団就職者の十年

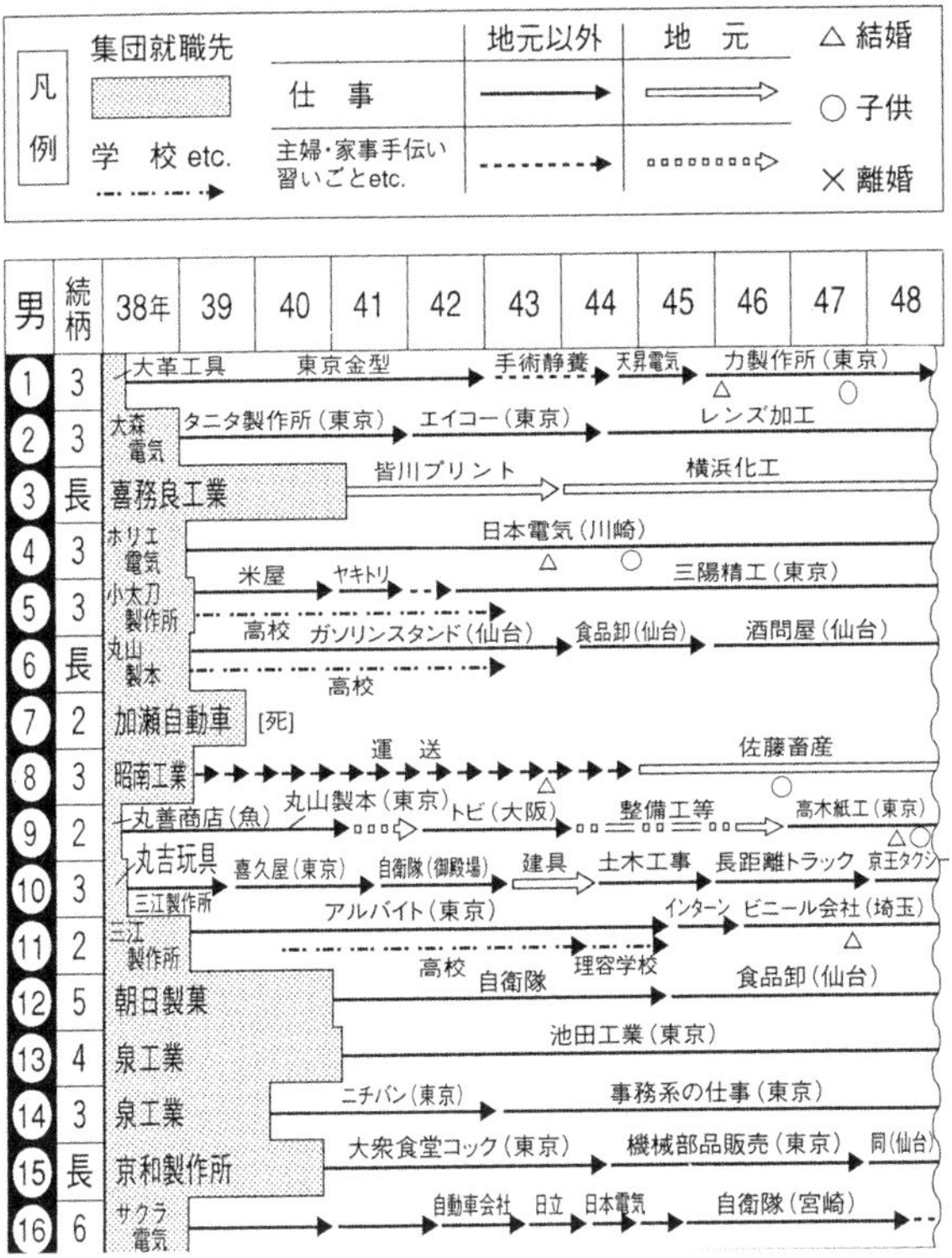
凡例
集団就職先
学　校 etc.
地元以外
地　元
仕　事
主婦・家事手伝い 習いごとetc.
△ 結婚
○ 子供
× 離婚
男
続柄
38年
39
40
41
42
43
44
45
46
47
48
大革工具
東京金型
手術静養
天昇電気
力製作所（東京）
大森電気
タニタ製作所（東京）
エイコー（東京）
レンズ加工
喜務良工業
皆川プリント
横浜化工
ホリエ電気
日本電気（川崎）
小太刀製作所
米屋
ヤキトリ
三陽精工（東京）
高校
丸山製本
ガソリンスタンド（仙台）
食品卸（仙台）
酒問屋（仙台）
加瀬自動車
[死]
昭南工業
運　送
佐藤畜産
丸善商店（魚）
丸山製本（東京）
トビ（大阪）
整備工等
高木紙工（東京）
丸吉玩具
喜久屋（東京）
自衛隊（御殿場）
建具
土木工事
長距離トラック
京王タクシー
三江製作所
アルバイト（東京）
インターン
ビニール会社（埼玉）
理容学校
自衛隊
食品卸（仙台）
朝日製菓
泉工業
池田工業（東京）
ニチバン（東京）
事務系の仕事（東京）
京和製作所
大衆食堂コック（東京）
機械部品販売（東京）
同（仙台）
サクラ電気
自動車会社
日立
日本電気
自衛隊（宮崎）

表12　初任給（中学卒）の地域別格差の推移

（最高初任給額＝100）

年	北海道	東北	北関東	東京	東海	京阪神	山陰	山陽	四国	北九州	南九州
1960	80	71	78	100	90	100	73	79	72	68	69
1964	83	75	89	100	93	98	83	89	86	79	72
1967	84	79	94	100	98	99	88	97	95	85	78

（出所）労働省『新規学卒者初任給調査』

◉変わる労働市場

ところで集団就職によって都会に出た若者をはじめ一般に農村から都市へ移動した人々は、当然のことながら都市における労働条件、とりわけ賃金が農村で得られるよりも有利だから、住み慣れた故郷を離れた。実際高度成長が始まった一九五五年（昭和30）には、賃金水準が最も低い県の平均賃金は、東京や大阪の四割にも満たなかった。賃金の地域格差についてもう少し詳しくみるために、新規学卒者の初任給を地域別に調べてみよう（表12）。初任給は格差が小さいといわれるが、それでも東北、九州、四国の初任給（一九六〇年）は、東京・大阪の七割にすぎない。また北海道、山陽、北関東の初任給も、東京・大阪と比べると八割の水準であった。こうした賃金の地域的格差が人々に移動を促したのである。都会に出た彼らは、農民になるかわりに「サラリーマン」になった。

「これが給料か。これがずうっともらえるんやなあ、ええなあ」。五九年四月、十八歳だった前川稔（五三）が持ち帰った何も書かれていない茶封筒を、農業の両親はしみじみ眺めた。

中身は明細書と日給三百二十四円の二十五日分、八千百円。近畿日本鉄道に勤めるサラリーマンになって、初めてもらった給料。それは前川の家族みんなが、初めて見るものだった。（『読売新聞』一九九四年九月十一日付）

一九五九年（昭和34）に「雇用者」つまりサラリーマンは、働く人の半数を超えた。ところで、都市における賃金はなぜ農村に比べ高かったのだろうか。都市では労働者が暮らす上で必要なモノの価格が高い。そういうこともたしかにある。しかし基本的な理由は、都市周辺の製造業の生産性が農業のそれをはるかに上回っていたという事実である。製造業における生産性の上昇は、設備投資と技術革新によってもたらされた（第三章）。しかし農業では、それだけの生産性の上昇を実現することができなかったのである。**表12**にあるような賃金の地域的格差はこうして生み出された。その結果、高度成長期を通して人々は農村から都会へと流れた。

農村で賃金が低かったもう一つの理由としては、高度成長の前期には農村を中心に

表13　求職／求人倍率の推移

年	(1) 新規学卒を除く労働者	(2) 新規学卒（中卒）	(3) 合　計
1955	4.6	0.91	3.6
1956	3.0	1.0	2.6
1957	2.5	0.83	2.1
1958	3.1	0.83	2.6
1959	2.3	0.83	2.0
1960	1.7	0.53	1.4
1961	1.3	0.37	1.0
1962	1.5	0.34	1.0
1963	1.4	0.38	0.6
1964	1.3	0.28	0.6
1965	1.6	0.27	0.6
1966	1.4	0.34	0.7
1967	1.0	0.29	0.4

（注）

(1)，(3)＝月間有効求職者数／月間有効求人数

(2)＝新規求職申込件数／新規求人数

（出所）

労働省『職業安定業務統計』

人が余っていた、という事実がある。こうした「人余り」現象は、「過剰労働力」あるいは「潜在失業」という言葉で表現されてきた。求人の求職者に対する比率をみても、一九六一、六二年までは顕著な供給超過が存したことがわかる（表13）。新規学卒についてはすでに五〇年代の終わりから、求職者を企業による求人が上回るようになった。しかしそれ以外の労働者では求職者が求人の二〜三倍も存在した。こうした「人余り」は、新規学卒も含めた労働市場全体でみると、一九六一〜六二年にほぼ解消している。実際このころから「人手不足」という言葉が財界・政府・ジャーナリ

ズムなどいたる所で使われるようになった。

南亮進教授は、こうした一九六〇年代初めにおける構造変化を日本経済の「転換点」としてとらえた。「転換点」というのは、途上国の発展に関する優れた研究によりノーベル賞を受賞したアーサー・ルイスという経済学者によって考え出された概念である。ルイスは途上国の発展過程を分析するために、近代的な工業部門と農業や在来産業など前近代的な部門から成る二部門モデルを提唱した。農業部門における「人余り」のために、発展の原動力である工業部門は「低賃金」を享受できる。しかしやがて人々が農業から工業部門へと移動するにつれて「人余り」は解消する。これが経済の転換点である。南教授は、理論的な考察と実証分析の結果、日本経済の「転換点」を一九六〇年代初頭と同定した。この結論は、生のデータ（表13）からわれわれが得る印象と一致する。六〇年代の前半に超過供給（人余り）がほぼ解消し、六〇年代後半になると労働市場で次第に需給が逼迫《ひっぱく》したことは間違いない。初任給の地域別格差をみても、東北・北海道・九州などでまだ格差が残っているものの、六七年（昭和42）には六〇年と比べかなり縮小している（表12）。

こうした労働市場における変化を反映して、六〇年代の後半になると日本経済の成長パターンにもはっきりとした変化がおとずれた。例えば図7によって製造業の「常

図7　常用雇用指数（製造業）

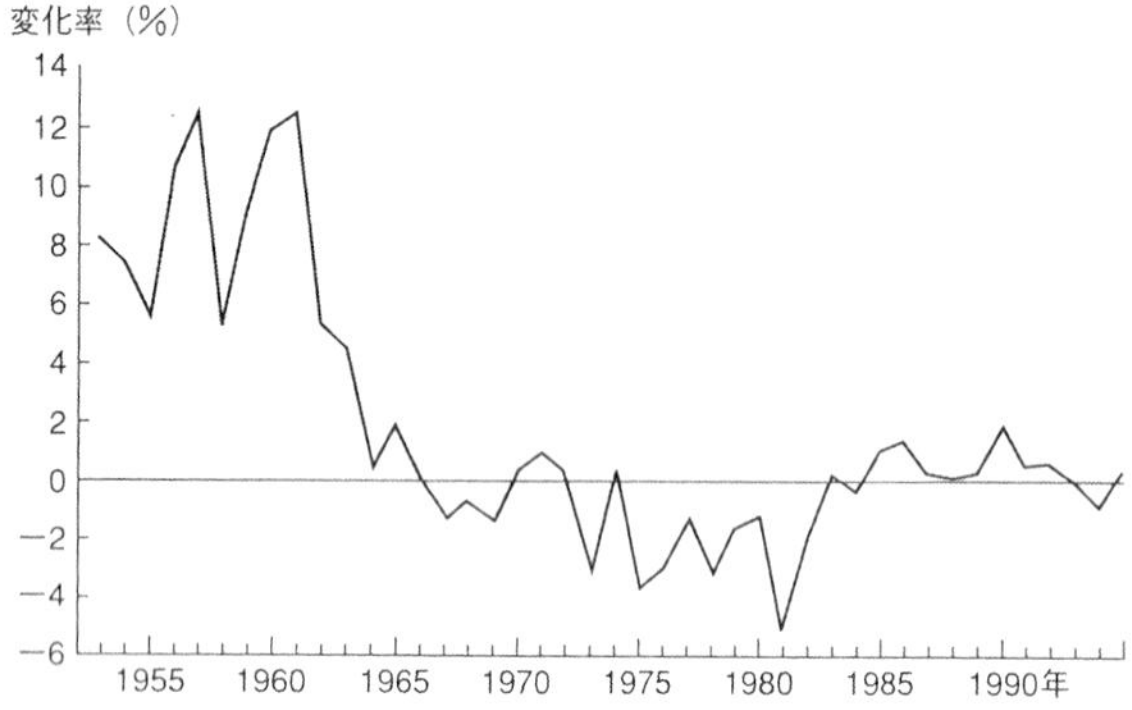

（出所）労働省『毎月勤労統計調査』

用雇用」指数の変化率をみてみよう。五〇年代の後半から六〇年代の初めまで平均で年々一〇パーセントもの伸びを示していたのに、オリンピックのあった六四年（昭和39）にはほとんど成長が止まっている。その後近年に至るまで三十年間伸びがみられない。

製造業の成長が六〇年代の後半に止まったわけではない。六五年から七〇年の間に製造業全体の生産はちょうど二倍になっている（一九八五年＝一〇〇の指数は一九六五年＝二七・〇、一九七〇年＝五六・二）。年平均一四パーセント以上の成長である。六五年十一月から七〇年七月まで五十七か月続いた「いざなぎ景気」は、二〇〇二年一月から〇七年十月まで実感を伴う

表14 日・米・独・英の労働生産性の業種別傾斜構造

（%）

		日本		アメリカ		西ドイツ		イギリス	
	順位	業種分類	生産性上昇率	業種分類	生産性上昇率	業種分類	生産性上昇率	業種分類	生産性上昇率
	（平均）	製造業平均	30.1	製造業平均	23.7	製造業平均	17.4	製造業平均	17.3
	1	石油・石炭	89.0	化学	34.8	土石	41.8	化学	35.6
	2	輸送機械	73.2	石油・石炭	34.1	船舶	35.3	輸送機械	24.3
1960	3	化学	45.1	一次金属	29.3	繊維	31.2	窯業・土石	22.4
	4	鉄鋼	37.8	繊維	28.2	木材・紙・同製品	29.6	繊維	18.9
年	5	精密機械	37.1	一般電気機械	25.8	化学	29.0	木材・木製品	17.3
	6	電気機械	33.6	ゴム・プラスチック	24.7	食料品	15.0	繊維二次	17.0
代	7	ゴム製品	31.0	輸送機械	24.3	繊維二次	14.9	食料品	14.8
	8	パルプ・紙	29.6	紙・紙製品	23.6	非鉄金属	10.0	紙・印刷出版	14.5
前	9	繊維	28.4	金属製品	22.5	鉄鋼	7.0	一般電気機械	13.7
	10	一般機械	27.0	木材・木製品	20.7	輸送機械	5.5	皮・皮製品	13.0
半	11	非鉄金属	25.7	窯業・土石	19.3	一般機械	4.6	船舶	10.5
	12	繊維二次	20.5	食料品	18.0	電気機械	2.9	一次金属	7.8
	13	窯業・土石	20.1	繊維二次	17.8			金属製品	6.9
	14	金属製品	11.9	皮・皮製品	11.1				
	15	食料品	0.3						
	（平均）	製造業平均	89.0	製造業平均	7.9	製造業平均	25.6	製造業平均	14.6
	1	一般機械	168.4	化学	21.6	化学	58.7	化学	46.7
	2	鉄鋼	123.3	食料品	17.5	電気機械	39.2	繊維	31.9
1960	3	電気機械	119.7	石油・石炭	15.2	鉄鋼	37.5	一般電機機械	25.5
	4	金属製品	108.7	紙・紙製品	10.2	木材・紙・同製品	33.5	窯業・土石	12.5
年	5	化学	91.7	金属製品	9.4	繊維	29.2	食料品	8.8
	6	非鉄金属	88.9	窯業・土石	8.7	非鉄金属	25.3	繊維二次	7.3
代	7	パルプ・紙	86.3	ゴム・プラスチック	7.4	食料品	24.1	紙・印刷出版	5.6
	8	輸送機械	85.4	繊維	7.2	輸送機械	23.7	輸送機械	5.2
後	9	精密機械	80.6	木材・木製品	6.5	土石	22.0	一次金属	3.6
	10	繊維	76.2	一般電機機械	0.0	一般機械	20.3	皮・皮製品	0.8
半	11	ゴム製品	66.3	繊維二次	▲2.2	船舶	15.9	木材・木製品	0.5
	12	石油・石炭	58.6	一次金属	▲3.1	繊維二次	11.4	船舶	▲0.8
	13	窯業・土石	56.8	輸送機械	▲4.0			金属製品	▲9.3
	14	食料品	25.8	皮・皮製品	▲4.8				
	15	繊維二次	11.8						

（注）「労働生産性」は「生産指数」を「就業者」ないし「雇用者」で割ったものとして定義されている。「1960年代前半」「後半」ともに「上昇率」は5年間累積の上昇率である。
（出所）昭和48年度『経済白書』2-16図

ことなくダラダラと六十九か月も続いた「第十四循環」の景気拡張期に抜かれるまで最長記録を誇る文字どおりの大好況であった。にもかかわらず製造業で雇用が伸びなかったのは、六〇年代後半になるとすでに述べたように労働市場で需給が逼迫するのに対応して「省力化」投資が活発に行われるようになったからである。設備投資が新しい技術によって労働生産性を上昇させることは前章でもみたとおりだが、増産や品質向上だけではなく、積極的に労働力を節約するための投資、すなわち「省力化」を目的とする投資がなされるようになった。六〇年代の後半には、そうした投資によって鉄鋼、一般機械、電気機械など幅広い産業で国際的にみても著しい生産性の向上が実現された（表14）。

製造業での雇用増は止まったが、農業部門からの流出がストップしたわけではない（表15）。六〇年代の後半を通して、新規学卒五十万人を含む八十万人もの人たちが年々農業部門から非農業部門へと流出しつづけた。ただしそうした人たちの受け皿は、製造業から卸売・小売やサービス、建設など非製造業へとシフトした。

また表15の離村率の低下からわかるように、大都市へ移住するのではなく在宅のまま近郊に新たな職場を求める傾向がしだいに強くなっていった。こうした在宅通勤型の他産業就業が、一九七〇年代以降主流を占め今日に至る。当然のことながら、三大

表15　農業部門から非農業部門への労働移動

年	総数（万人）	うち農家新規学卒者（万人）	離村率（%）
1958	51	―	71.9
1959	62	31	63.2
1960	69	32	59.0
1961	75	33	56.9
1962	86	48	54.0
1963	93	54	47.0
1964	89	51	46.6
1965	85	56	48.2
1966	81	56	46.9
1967	82	57	45.1
1968	79	54	43.0
1969	80	51	41.3

（注）　いわゆる「出稼ぎ」は除く。
（出所）農林省『農家就業動向調査』

都市圏への転出は六〇年代の後半になると鈍化し始める。それでもまだ年間四、五十万人の人々が大都市圏へ流入していた（図5）。変容する労働市場に直面しながらも六〇年代後半、日本経済は間違いなく高度成長をつづけていた。

●世帯の増加

農村から都市へ人々が流出するのと並行して、大都市とその周辺を中心に新しい世帯が次々に誕生した。高度成長の直前（一九五〇年）、二人に一人の日本人が住んでいた農村では、伝統的に三世代が同居していた。しかし都会に移った若者の大半は、はじめ「単身世帯」、やがて結婚して子供を生んでからも夫婦と（独身の）子供からなる

図8　世帯数および人口増加率

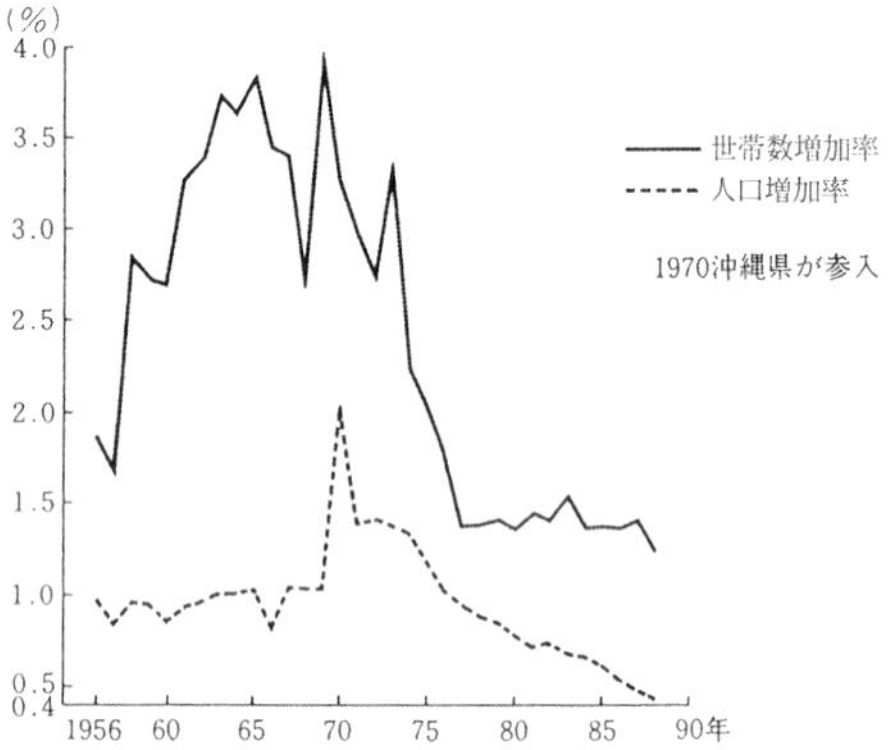

「核家族」を構える。こうして三世代同居していた伝統的な家族を離れて若者が都会に出ると、「単身世帯」と「核家族世帯」を中心に世帯数が増大する。

図8は高度成長期にいかに世帯数が増加したかを示したものである。経済成長の問題を考えるとき昔から注目されてきた人口成長率（破線）は、高度成長期一九五六～七〇年には一パーセントで安定している（一九七〇年は沖縄で国政選挙が行われ事実上日本に復帰したための異常値）。ここには掲げていないが、実際に働いている人を数えた「労働力人口」も年々かなりのブレがあるものの、約一～二パーセントの範囲にあり、七〇年代以降大幅な落ち込みがみられるわけではない。これに対して世帯数の増加率の方は、前にみた三大都市圏への転入人口の推移と同じ

ように高度成長期に大きな山を描き、ピークには四パーセント近くまで上昇している。しかし七〇年代に入ってからは急激に減速（七〇年の異常値は別）し、七七年以降、九〇年にかけてほぼ一・五パーセントで推移してきた。このように、世帯数の増加率の方が人口成長率よりもはるかに経済成長率と密接な関係をもっている。

世帯数の増加はなぜ経済成長と密接な関係を持つのだろうか。直接的な理由は、都市の製造業を中心とする経済成長の「結果」として人々が移動し、新たな世帯がつくられるからである。この点についてはすでに説明した。しかし逆に世帯数の増加も経済成長に影響を与える。この場合、両者を結ぶリンクは「需要の創出」である。農村で三世代同居していれば、洗濯機も冷蔵庫も一つで足りる。しかし若い世代が都会に移り新しい世帯を構えると、すべてのモノがもう一つ余計にいる。電気の消費量も同じである。それに第二章でみたように、高度成長をリードした耐久消費財はいずれも都市から普及していった（図3）。この意味でも若い世代の都市への移動は、耐久消費財への需要を創出する効果をもっていたのである。

川下における耐久消費財の普及は鉄や石油化学製品に代表されるような素材への需要を生み出すから、耐久消費財の生産のみならず素材産業も含めて、多くの産業で増産を目的にした投資がなされた。そして投資が投資を呼ぶ高度成長が現出したのである。投資から生産の増大と糸を逆にたぐっていけば、川下において耐久消費財に対する需要に行き着くが、その背後には人口移動と世帯数の急増が存在した。このような意味で、人口移動と世帯数の伸びは、高度成長を生み出した究極的な要因であったともいえる。世帯数の増加も、人口移動とほぼ平行して七〇年代の前半に急速に鈍化した。こうして高度成長を支えた基本的なメカニズムは消滅した。

◉過密・過疎

ところで人々が農村から都市へ都市へと移動した結果、都市が「過密」になる一方、農村では「過疎」と呼ばれるような問題が生まれた。また東京・大阪・名古屋三大都市圏をはじめ多くの工業団地が太平洋側に立地していたため、高度成長は太平洋側と日本海側の人口分布を大きく変えることにもなった。「表日本」「裏日本」といういまでは死語となった言葉がよく使われたものだ。社会学者富永健一によって調べられた都市の人口ランキングの推移は、日本海側地域における人口減少を如実に物語っている。

一八七八年（明治11）、一九二〇年（大正9）、一九八五年（昭和60）という三時点の人口ランキングをみると、金沢五↓一一↓三一位、富山九↓三五↓五五位、福井一五↓

三七↓八〇位、松江一六↓六三↓一四〇位、新潟一七↓一九↓二四位、鳥取一八↓七七↓一四一位という具合である。日本海側における人口の相対的減少は決して戦後に始まったことではなく明治以降の工業化とともに進んできたが、高度成長はそうしたトレンドを加速した。同じことは東北の大都市についてもいえる。例えば弘前一九↓七三↓一一五位、盛岡二六↓五三↓九〇位、米沢二九↓五二↓二一八位など。このほか和歌山七↓二三↓三九位の落ち込みも目立つ。

江戸時代には江戸、大坂、京都を別格として、城下町を中心に全国にほぼ一様に大きな都市が散在していた。主要な産業が農業であり、産業上人口が集中するメリットはなかったからである。むしろ農業では土地を求めて拡散する方が有利だということができるだろう。しかし工業では集積のメリットが働く。生産を行う上で土地の役割は小さく、資本（工場や機械設備）と労働力が主な生産要素である。したがって比較的狭い工業地域に人々は集中する。高度成長の出発点において、明治以降の工業化の過程で形成された三大都市圏、北九州などはすでに揺るぎない工業地域となっていた。高度成長は歴史上のジャンプといえるほどの工業化によって、人口を一気にこうした地域へ集中させたのである。

東京を例にとってみよう。東京では戦争中の空襲と強制疎開により一九四四年（昭

表16　東京の人口増加（1950〜70年）

期間	増加人口数（万人）計	増加人口数（万人）自然増	増加人口数（万人）転入	増加率（%）計	増加率（%）自然増	増加率（%）転入	自然増・転入の比率（%）自然増	自然増・転入の比率（%）転入
1950〜55	176	44	132	28.1	6.9	21.1	24.8	75.2
1955〜60	165	48	117	20.5	6.0	14.5	29.2	70.8
1960〜65	119	68	51	12.2	7.0	5.2	57.4	42.7
1965〜70	54	83	-29	5.0	7.6	-2.6	153.1	-53.1

（出所）東京都『東京百年史　第6巻』（1972）

和19）二月には七百二十七万人あった人口が四五年十一月には三百四十九万人まであっという間に半減した。しかし高度成長直前の一九五〇年には六百二十八万人まで回復し、高度成長が終焉する七〇年には千百四十一万人まで倍増した。この間の人口増を、東京で生まれた人々からなる「自然増」と、他地域からの転入に分解してみると**表16**のようになる。

東京の場合、他地域からの転入は早くも六〇年代の前半に急減した。そして六〇年代の後半になると転入がマイナス、すなわち転出が始まっている。これは**図5**にある三大都市圏への転入に五年先がけた動きである。最大の原因は地価の上昇とともに、東京では新たな住人が住居を見いだすことが不可能になったところにある。東京近辺に移住した人々はもはや東京都の住民ではなく、神奈川・埼玉・千葉など近県の住民になるほかなかった。東京という都市は人口増の重圧に耐えられなくなったのである。

人々が都心から離れて住んでも問題が解消したわけではない。例えば現在まで続く通勤ラッシュ。満員電車に乗客を押し込む「押し屋」がいつ登場したのかは知らない。しかし東京都では早くも一九六一年（昭和36）、「通勤地獄」解消の一助として「時差出勤」が導入されている。社会資本整備の遅れは、夏の「断水」も生み出した。

過密な大都市の裏側には過疎な農村地帯が生まれた（表17）。そして過疎な農村ではわずか二十年足らずの間に、二千年間続いてきた農業が存亡の危機を迎えるに至った。一九六〇年（昭和35）から七〇年（昭和45）までわずか十年間に農家の戸数は約七十万戸減少、農業に従事する人が全就業者に占める割合も二九パーセントから一六パーセントまで低下した。一九五〇年には働く日本人の二人に一人が「農民」であったことを思えば、著しい縮小である。この結果、農業生産がGNPに占める比率も、五五年には二

表17　人口密度の推移

（人／㎢）

都府県	1955	1965	1975
東京	3973	5357	5441
埼玉	595	793	1269
神奈川	1236	1866	2676
愛知	745	948	1158
大阪	2552	3618	4455
岩手	93	92	91
秋田	116	110	106
島根	140	124	116
高知	124	114	114
鹿児島	224	203	188

（出所）『国勢調査』

〇パーセントであったのに七〇年には七パーセントまで低下している。高度成長が終わるころには、農業はもはや比較的マイナーな一産業となったのである。

それだけではない。残った農家・農民の大半も実は「本当の」農家・農民ではなくなっていた。高度成長期に著しく「兼業化」が進んだからである。この事実はよく知られているから今さら指摘するまでもないが一応数字をみると、兼業を主、農業を従とする「第二種兼業農家」の割合が七〇年にはちょうど半数を占めるようになる。専業農家はもはや一五パーセントにすぎない。多くの農家で成年男子は農業外に勤め先を見いだし、農業はジイちゃん、バアちゃん、カアちゃんに任せるいわゆる「三ちゃん農業」となった。農外収入を主とするこうした第二種兼業農家の一人当たり所得は専業農家のそれを上回っている。注目すべきは、第二種兼業化が日本農業の支柱、「聖域」とまでいわれる米作において最も進んでいることだ。こうした意味でも、高度成長を通して日本の農業は単に縮小しただけではなく著しく「空洞化」した。

一九六一年(昭和36)に池田内閣の下で成立した「農業基本法」は、日本農業の将来像を次のように描いていた。農村からの人口流出、農家数の減少により、残された農家の耕地面積が拡大し、その結果、機械化の推進と生産性の向上がもたらされる。しかし実際には、第二種兼業農家が増加し、「三ちゃん農業」が残されただけであった。さらに「食糧管理制度」の下で、米が過剰となると「減反政策」が始まる。一九七一年(昭和46)から本格的に始まった「減反政策」により、農家は何も作らなくても十アール当たり三万円の「奨励金」を手にすることになった。農業経済学者である佐伯尚美教授の言葉を借りれば、いまや日本農業の圧倒的多数は「農家ならざる農家」、あるいは単なる「土地持ち労働者」によって担われることになったのである。

高度成長は、農村から都市へという「民族大移動」を通して国の姿をすっかり変えた。それはまた有史以来の日本の農業を「地すべり」的な衰退へと追い込む過程でもあった。

第五章

高度成長のメカニズム

ボーナス景気のデパート（1966年）

二十年足らずの間に起きた革命的変化＝高度成長のメカニズムをまとめれば図9のようになる。それは一つの要因が因ともなり果ともなって絡み合う「循環」であった。本章では図9を参考にしながら、この「循環」の糸を解きほぐしてみよう。

◉高度成長前史

高度成長の背後にあったのは、生活の「近代化」に対する切実な要求、もう少しはっきりいえば「アメリカ的」な生活に対する強烈な憧れであった。こうした潜在的な要求をバックに、企業は技術革新とそれを実現するための設備投資を行った。設備投資こそが高度成長の謎を解くための鍵《キー》ともいえる戦略的な変数であるが、それは決して戦争直後から盛んに行われたわけではない。戦争によって打ちひしがれた日本経済において、最初の本格的投資ブームが起きたのは朝鮮戦争（一九五〇〜五三年）による特需の中でであった。高度成長の「キック・オフ」は隣国の不幸によってもたらされたという事実を、われわれ日本人は忘れるべきではない。

一九四五年（昭和20）の夏から始まったアメリカの占領政策は、当初日本に対してきわめて厳しい「懲罰的」なものであった。戦後の日本人の生活水準は日本が戦争中に占領したアジア諸国のそれを上回るべきではないという方針の下に、日本を繊維産

図9　高度成長（1955～70年ごろ）のメカニズム

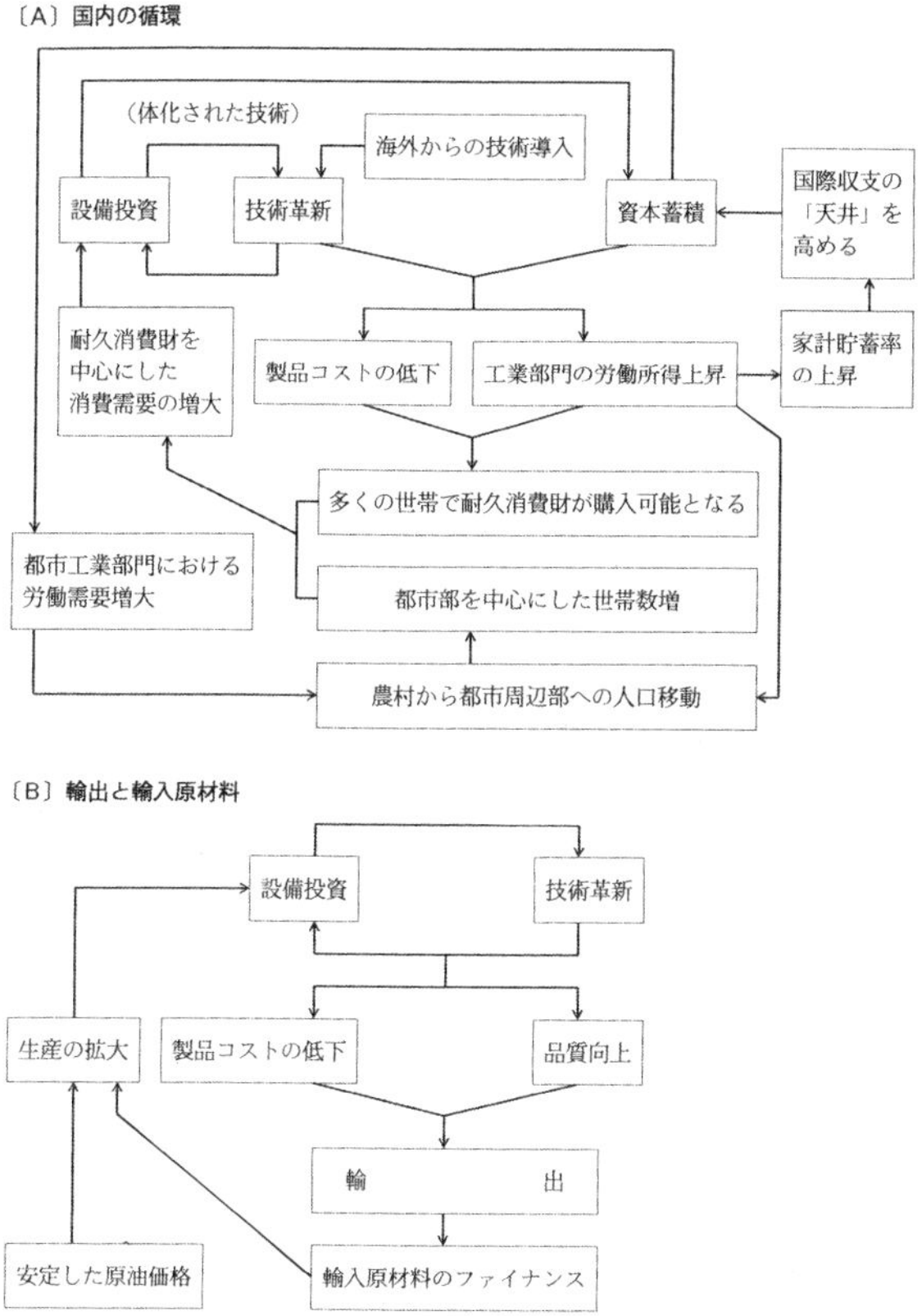
〔A〕国内の循環
（体化された技術）
海外からの技術導入
設備投資
技術革新
資本蓄積
国際収支の「天井」を高める
耐久消費財を中心にした消費需要の増大
製品コストの低下
工業部門の労働所得上昇
家計貯蓄率の上昇
多くの世帯で耐久消費財が購入可能となる
都市工業部門における労働需要増大
都市部を中心にした世帯数増
農村から都市周辺部への人口移動
〔B〕輸出と輸入原材料
設備投資
技術革新
生産の拡大
製品コストの低下
品質向上
輸　出
安定した原油価格
輸入原材料のファイナンス

業を中心とした軽工業国にするというのが占領軍の基本政策だった。四五年の十二月には、戦前の四分の一の生産水準に相当する二百五十万トンを超える製鉄・製鋼設備をすべてフィリピンに移すという計画が明らかにされている。この計画は後に中止されたが、こうした占領軍の政策は、当然のことながら日本企業の設備投資を萎縮させた。生活の「近代化」、生産設備の「近代化」への潜在的な要求はあっても、それが旺盛な設備投資に結びつくような状況では到底なかったのである。

一大転機は一九四八年に訪れた。「冷戦」の始まりである。同じ連合国として戦ったソ連と、西側諸国との間の亀裂はもはや繕い難いものになった。ヨーロッパで西側諸国の経済的再建を目的とした「マーシャル・プラン」援助が始まるのと並行して、極東における日本の位置づけも抜本的に見直されることになった。つまりこれまではひたすら日本の非軍事化、経済的小国化を基本方針としてきたアメリカが、いまや日本を極東における対共産主義の「砦《とりで》」として位置づけ、そのために重化学工業も含めた日本経済の再建を最優先課題とすることになったのである。製鋼用重油の輸入を許可したことは、こうした占領政策の変更を象徴するものだった。四八年三月に提出された「ジョンストン・レポート」によって、政策変更は公式に認められる。

四九年になると一ドル＝三百六十円という為替レートが設定され、デトロイト銀行の頭取ドッジが、日本経済再建のためのアドバイザーとしてトルーマン大統領によって送り込まれてくる。ドッジによって強行された超緊縮財政はインフレを終息させたが、大変な不況を日本経済にもたらした。今日の日本経済を代表する企業の一つであるトヨタ自動車が倒産の危機に瀕し、救済融資の条件としてトヨタ自工・自販二社への分割や、深刻な争議を招いた人員整理を受け入れざるをえなかったことを思えば、「ドッジ・ライン」による不況がいかに深刻であったかは容易に理解することができるはずだ。そうした不況の中で勃発したのが朝鮮戦争である。この朝鮮戦争の中で戦後初めての設備投資ブームは起きた。そして数年の後、高度成長がスタートする。

このように高度成長の前史を振り返ると、日本経済の復興が戦後世界のグローバルな動き、「冷戦」によっていかに大きな影響を受けたかがわかる。そこには日本人や日本企業の創意や努力もあったには違いない。しかし、日本全体があたかも一つの「将棋の駒」にすぎなかったかのような印象すら受けるのである。

◉高度成長を生み出した「因」と「果」

図9に戻ろう。設備の近代化、新しい技術の導入の必要性を十二分に意識しながらも設備投資を実行に移せないできた日本企業は、朝鮮戦争のブームによってきっかけ

をつかんだ。圧延部門の近代化と平炉の大型化を目的とした鉄鋼業の「第一次合理化計画」がスタートしたのは一九五一年（昭和26）である。また東レがデュポンとナイロンの特許契約を結んだのも同じ年だった。

技術革新は設備投資を促す。設備投資がなされると量産のメリットも活かされ、製品のコストは下がり品質が向上する。しかも鉄鋼のような素材産業で旺盛な設備投資が行われ新しい技術が導入されると、広範な「川下産業」でコストダウンと品質向上が可能になる。「川下」では洗濯機やテレビなどに代表されるように、価格さえ十分に低下すれば需要はいくらでも存在した。

設備投資と技術革新は、第三章でみたように他方で労働生産性を高め、賃金・所得を上昇させる。価格が下がり所得が向上するにつれて、耐久消費財は「熱狂的」ともいえるようなスピードで普及した。こうした耐久消費財の普及は金属やプラスチックなど素材に対する需要を生み出すから、素材産業の設備投資がさらに促進される。以上が一つの「循環」である。

ところで都市工業部門で生産性が上昇し賃金が上がると、若年層を中心に人々が農村から都市へと移る。その結果「単身世帯」「核家族世帯」が高度成長期には急増した。世帯数の増加が成長の「結果」であったことは事実であるが、前章でも指摘したように、それは最終的な需要を拡大することによって高度成長を生み出す「原因」でもあった。三世代同居世帯に暮らしていた若い人々が都会に出て新しい世帯を構えれば、耐久消費財に対する需要、電力に対する需要は倍増する。このように、農村から都市への人々の移動、それに伴う世帯数の増加は、経済成長との間に「因」ともなり「果」ともなってもう一つの「循環」をつくった。こうした高度成長のメカニズムを図式的に描いたのが図9-[A]である。

ここで高度成長とともに上昇した賃金について一言コメントしておくのが適当だろう。成長にとって鍵《キー》となる投資は企業によってなされるから、「低賃金」が投資を促進するはずだ。少なくとも賃金の上昇は投資にとって不利な要因だろう。こうした議論がなされることがある。同じように輸出についても、「低賃金」は国際競争力を高めるから有利なはずだ。投資・輸出いずれからみても、「低賃金」こそが経済の成長を高めるのではないか。

繊維産業を中心に「輸出主導」の成長をした戦前の日本経済ではたしかに「低賃金」が成長にとって一つの「武器」であった。しかし、戦後の高度成長は、戦前とは違い「国内需要」主導の成長だった。

企業の投資も、つくったモノが売れないのでは意味がない。売れるからこそ企業は投資をするのである。高度成長期に売れたモノとは何だろう。「川上」である素材から「川下」へと、製品の流れを辿っていくと、最後に行き着くのは洗濯機やテレビなど耐久消費財である。第二章で詳しくみたとおり、こうした耐久消費財は製品価格の低下と、所得の上昇が一定の臨界値に達したところで飛躍的に普及した。洗濯機やテレビの「需要」にとっては、「低賃金」ではなく、十分に「高い賃金」が有利な条件をつくり出したのである。

もちろん、賃金の上昇が高ければ高いほどよい、というわけではない。しかし需要の増加に合わせて活発な設備投資がなされれば、新しい技術とスケール・メリットを通して生産性が上昇する。こうして生み出された生産性の上昇は、賃金上昇の余地を拡大する。しばしば賃金の停滞がみられた戦前の日本経済とは対照的に、高度成長期には賃金上昇が国内需要主導の成長を支える一つのプラス要因であった（図9-Ⓐ）。

◉高度成長の終焉

高度成長は一九七〇年代の初頭に終焉した。図10にあるように、実質GNPの平均成長率は一九五五〜七二年の一〇パーセントから一九七三〜九〇年の四パーセントへと低下した。ここでもう一度、第四章でみた「人口移動」（図5）や「世帯数増加率」

図10　経済成長率

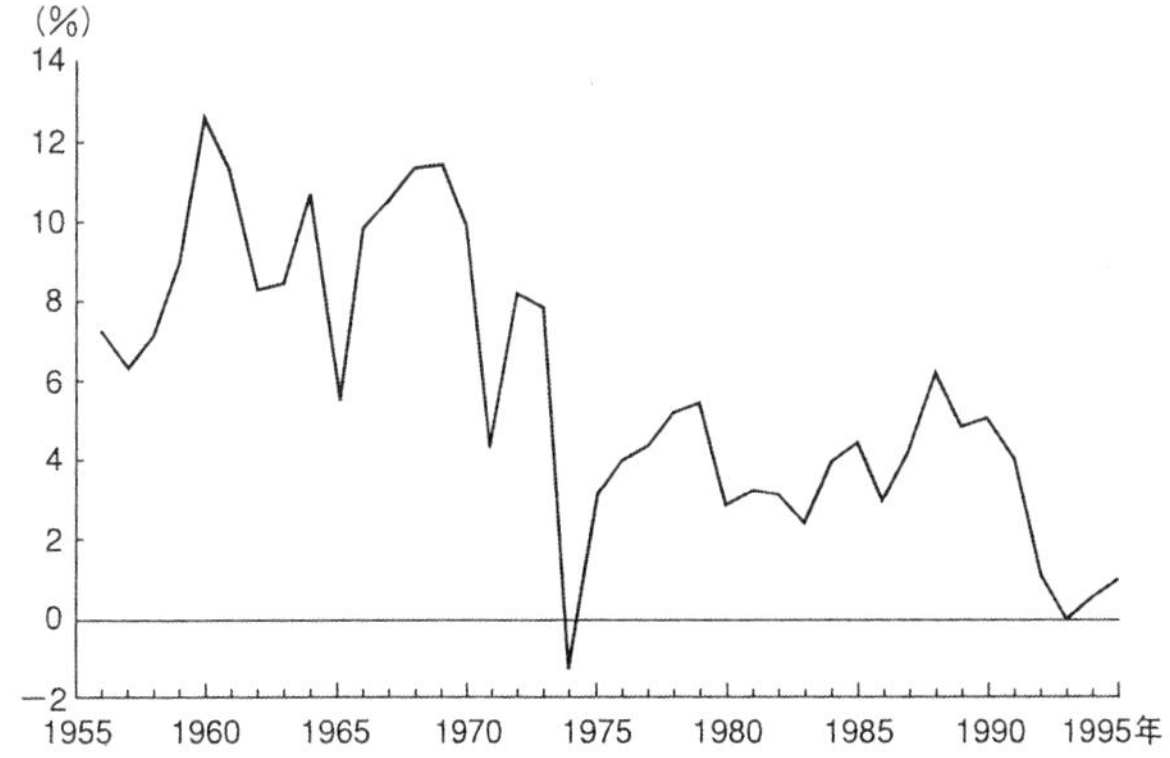

（出所）経済企画庁「国民経済計算」
（注）グラフは国内総支出（Gross Domestic Expenditure＝ＧＤＥ、1990年基準実質値）の変化率であるが、実質ＧＮＰとの違いは小さいので両者を同一視してもさしつかえない。

（図8）と、「経済成長率」（図10）を見較《くら》べていただきたい。これらが著しく似た動きをしていることに気づくだろう。なお七〇年代以降については高度成長と対比させて「安定成長」などいろいろな言葉が使われるが、表現はともかくとして、いずれにしても成長率が半分以下の水準にまで低下したという事実に変わりはない。

　高度成長を終わらせたものは一体何だったのだろうか。高度成長を生み出したメカニズムをどのようなものとして理解するか、また当時の日本経済の性格をどのようにとらえるか、という点にも深く関わり、極めて重要な問題であるこの問いに対する答えとして、今日に至るまでもっともポピュラーな考え方は「オイル・ショック主犯説」である。しかし一見自明ともみえる「オイル・ショック主犯説」は必ずしも説得力をもたない。この点を以下に説明しよう。

一九七三年（昭和48）秋に勃発した「オイル・ショック」により、七三年一月には一バレル二・六ドルだった原油価格は、七四年一月に一一・七ドルまで急騰した。オイル・ショックの起きる前から超金融緩和によりすでに二〇パーセントを超えるインフレが進んでいた日本経済では、まさに「火に油を注ぐ」状態の中で「狂乱物価」と呼ばれる未曽有のインフレが発生した。当時成人していた人ならば、品不足を心配した主婦たちによる「トイレット・ペーパー買い占め騒ぎ」を憶えているはずだ。

オイル・ショックはたしかに日本経済にとり大きな打撃であり、一九七四年には戦後初めて経済成長率がマイナスになった（マイナス一・二パーセント）。財界人・官僚・政治家・エコノミストなど多くの人々が、オイル・ショックを機に「高度成長が過去のものになった」と実感したことは事実である。しかしながら、原油価格の急騰がGNPの「水準」を一時的に引き下げることは容易に説明できても、「成長率」を恒久的に低下させることを理論的に示すことは実はかなり難しいのである。不可能ではないが、かなりまわりくどい理論が必要になる。専門的になってしまうので、ここでこの点を詳しく説明することはできない。それは巻末の文献に譲ることにして、代わりになぜわたしがそうした「まわりくどい説明」を説得的でないと考えるのか、いくつか傍証を挙げることにしたい。

一つは「第二次オイル・ショック」の影響である。一九七九年(昭和54)から八〇年にかけて世界経済は再びオイル・ショックに見舞われた。すなわち七九年一月に一バレル一三・三ドルだった原油価格は八〇年六月には二八ドルに上昇した。七三～七四年の第一次オイル・ショックの時にはインフレの点でも経済成長率の点でも先進諸国中最悪のパフォーマンスを示した日本経済であるが、第二次オイル・ショックの時にはあまり大きな「被害」を受けなかった。とりわけ第二次オイル・ショックがその後十年間の平均成長率に与えた影響はほとんど皆無であったといってよい(図10)。もし原油価格の急騰が日本経済の成長率に決定的な影響を与えるなら、第二次オイル・ショックにより平均成長率はさらに低下してよいはずではないか。

第一次オイル・ショックの時には原油価格が一年間で四倍になったのに対して第二次オイル・ショックの時には上昇幅が小さかったからだ、と考える人があるかもしれない。しかし原油価格が上昇したことにより発生した日本から石油輸出国への所得の移転は、第一次オイル・ショックではGNPの三・八パーセント、第二次オイル・ショックでは四・一パーセントであるからほぼ同じ程度である。

次に日本と同じように石油輸入国であるお隣の韓国経済についてみると、もう一つの興味深い事実が浮かび上がってくる。韓国では第一次オイル・ショックの影響は比較的軽微であったのに対して、第二次オイル・ショックの時には実質GNPがマイナス成長に陥っている。つまり日本の場合とちょうど逆のことが起きたわけである。

こうした事実を総合して考えると、原油価格の急騰とりわけ第一次オイル・ショックこそが高度成長の息の根を止めた根本的な原因であるとする「オイル・ショック主犯説」は単純に過ぎるということがわかるだろう。第一次オイル・ショックは、たしかにその後の日本経済に大きな影響を与えた。しかしそれは高度成長の終焉の原因ではなく、一九七〇年代以降における産業構造の転換――「素材産業から機械産業へ」という構造転換を促進したところにある。

高度成長終焉の原因を第一次オイル・ショック以外に求めるとすればそれは何か。この答えは、図9-A をもう一度眺めればおのずから明らかになるはずだ。高度成長は耐久消費財の普及、人口移動と世帯数の増加を基底として、旺盛な設備投資によってもたらされた。したがって⑴農村の「過剰人口」が都市工業部門に吸収し尽くされて人口移動・世帯数の増加が減速し、⑵耐久消費財が普及しそれ以上の需要の増加が見込めなくなれば高度成長の基底が失われることになる。

　実際これこそが六〇年代末に生じたことだった。例えば図3（第二章）でみたように、洗濯機・テレビなど「三種の神器」をはじめとする多くの耐久消費財の普及率は、六〇年代末になると天井に達した。また第四章で詳しくみたように、人口移動は七三年の第一次オイル・ショック発生に先立ち七〇年代初めには急速に減速している（図5）。成長のエンジンだった製造業では、さらに早く六〇年代の後半に入ると常用雇用の伸びはストップしていた（図7）。農業を離れる場合にも在宅通勤の割合が高くなり、逆に「離村率」は低下しつづけた（表15）。こうして世帯数増加率も、七〇年代に入ると減速し始めたのである。

「基底」が失われれば設備投資だけが成長しつづけるわけにはいかない。多くの産業で設備投資は、オイル・ショックに先立って一九七〇年（昭和45）ころにはピークを迎えている。表5でみた石油化学工業の設備投資は、この事実を端的に示している。石油化学工業は決して例外ではなくむしろ典型に近い。このように国内的な条件の変化こそが、高度成長を終焉させた基本的な原因である。第一次オイル・ショックはいわば「仕上げの一撃」として象徴的な意味はもつにしても、決して高度成長を終焉させた根本的な原因ではない。

もう一つ、高度成長の終焉を説明する説として「輸入技術涸渇説《こかつ》」を取り上げよう。図9-[A]にも示したとおり、戦後の技術革新においては海外からの技術導入が重要な役割を果たした。ＬＤ転炉やナイロンは「輸入技術」の典型である。たしかに戦争を挟んで十数年に及ぶブランク期に欧米で進歩した技術へのキャッチアップは、旺盛な設備投資を支える一つの要因であった。そうした輸入技術も一九六〇年代の末になると涸渇した。それが高度成長を終焉させた基本的な要因だと考えるのである。

しかし、「輸入技術涸渇説」も説得力をもたない。表14（第四章）から分かるとおり、一九六〇年代後半には、一般機械・電気機械・輸送機械・精密機械からなる広い意味での「機械産業」、鉄鋼、金属製品、パルプ・紙など広範な産業で、国際的にみて著しく高い労働生産性の上昇が実現された。生産性上昇率は六〇年代前半と比べて加速している。一九五〇年代や六〇年代初頭ならばともかく、六〇年代後半におけるこうした生産性の上昇——欧米を大幅に上回る生産性の上昇を、海外からの輸入技術で説明することには無理がある。すでにこの時期の生産性上昇は、自前の技術革新によるところが大きいと考える方が自然であろう。

実際、広義の機械産業・金属製品を中心とする製造業における生産性上昇は、一九七〇年代に入ってからも維持されていくのである。オイル・ショックによってもたらされた円安と相まって、旺盛な技術革新は日本の機械産業を世界一の競争力を持つワールド・リーダーにした。それは一九八〇年代に入り欧米との間に激しい「貿易摩擦」を生み出すが、遠因は表14にあるような一九六〇年代後半における技術革新にある。このように「輸入技術が涸渇したことにより、一九六〇年代後半から七〇年代初頭にかけて、日本経済は成長のエンジンを失った」と考える説は説得性を欠く。

高度成長に関する本書の基本的な考え方は大体理解していただけたことと思う。そこで次に、以上の説明では抜け落ちた「その他の要因」についてふれておくことにしたい。

◉高い個人貯蓄率

例えば国際的にみても高水準の「貯蓄率」。「貯蓄」とは「今日」食べずに「明日」にもちこすことにほかならない。これこそが高度成長の鍵だという考え方もある。もっとも家計（個人）の貯蓄率もはじめから高かったわけではない。一九四七年（昭

図11　家計貯蓄率の推移

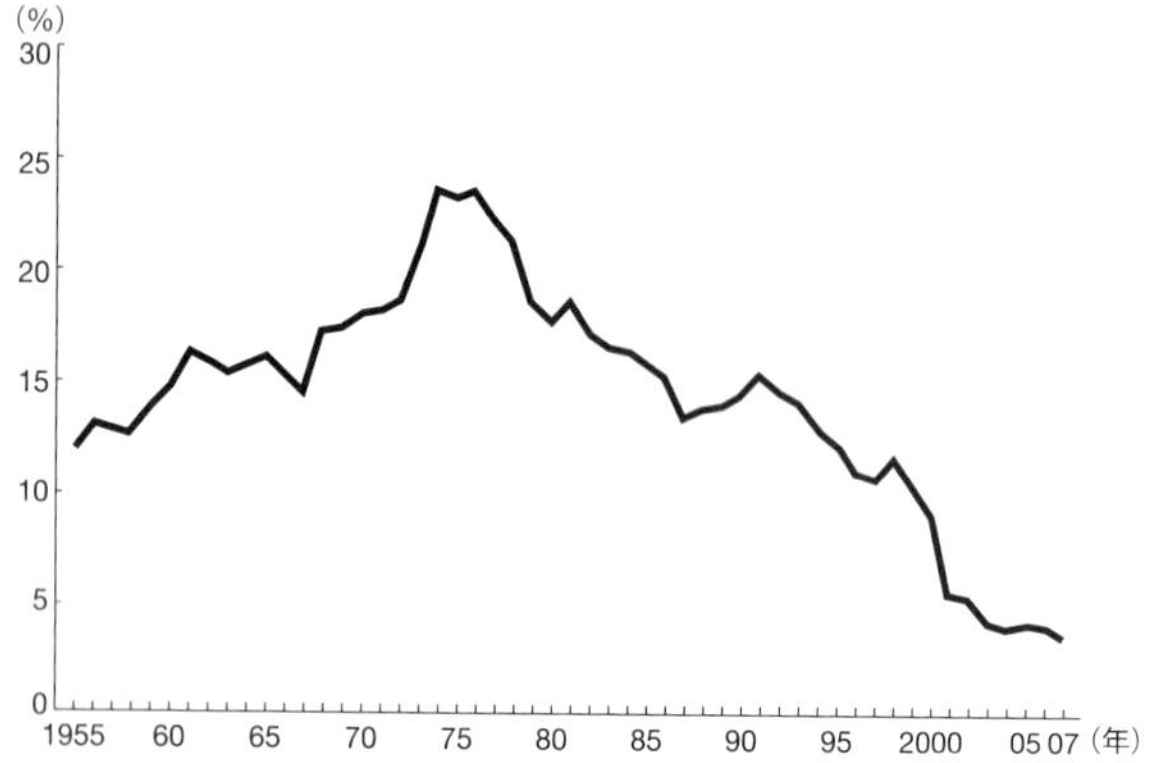

（出所）内閣府「国民経済計算」

和22）から五〇年まで四年間の勤労世帯（東京）の貯蓄率をみると、一・九パーセント、マイナス二・二パーセント、一・六パーセント、一・五パーセントといった具合である。食うや食わずの生活を強いられた終戦直後の都市勤労者には到底貯蓄などする余裕はなかった。四八年には負の貯蓄、すなわち資産の取り崩しすら行われた。当時貯蓄をしていたのは農家を含む自営業者である。

しかし高度成長が本格的に始まる一九五五年（昭和30）になると日本の個人貯蓄率は一〇パーセントを超え、その後は図11にあるとおり経済成長とほぼ並行して七〇年代中葉のピークまで上昇しつづけた。こうした高度成長期の貯蓄の主たる担い手は「勤労世帯」つまりサラリーマン家庭である。六〇年代に入り過半数を占めるに至ったサラリーマンは、高度成長の果実を最も直接的に享受した。「昇給」「ボーナス」を通して彼らの所得は年々一〇パーセントを上回る驚異的な率で上昇していった。しかも所得の上昇は必ずしも人々にとって予想されたものではなく、むしろ毎年毎年思ったよりも所得の伸びが大きかったという事態が十年以上にわたって続いたのである。こうした予想を上回る所得の上昇が貯蓄率を高めることになった。つまり図11にあるような高度成長期における貯蓄率の「上昇」は、成長の「結果」であったといってよい。

ただし国際的にみても高い貯蓄率の「水準」は、よく指摘されてきたとおり高度成長を支えた一つの要因でもあった。その理由を説明しよう。もともと個人の貯蓄は、どれだけなされてもそれが直ちに成長を促進するわけではない。われわれが稼いだお金をせっせと「タンス預金」しても、それだけでは経済は成長しない。成長の主導因はあくまでも企業の設備投資である。

ところで企業が旺盛な投資を行い、家計〈個人〉も貯蓄をせずに所得をほとんど消費に回したら一体どんなことが起きるだろう。消費と投資を合わせた「総需要」は、日本経済が年々つくり出すことができる最大の生産能力を超えてしまうかもしれない。

そうすればインフレが起きるし、そもそも計画された設備投資が実行できないであろう。

そこまでいかなくても、生産水準が高まれば必然的に生産に使われる原材料が増大していく。このことはわが国の場合輸入の増大を意味する。やがて輸入が輸出を上回るようになれば、一ドル＝三百六十円という「固定相場制」の下では政府の手持ち外貨（ドル）が減少し始める。こうした成長はいつまでも続けられないから、日本銀行は金融を引き締め、投資を抑制する。「国際収支の天井」という言葉がよく使われたが、要するに資源をもたない国の経済成長が「原材料の天井」にぶつかるわけである。実際、高度成長期の金融引き締めは、いずれもこうした事態に対処するためのものであった。高い成長がしばらく続けばいつかは「国際収支の天井」にぶつかるにしても、もし個人の貯蓄率が低ければ投資が少し増大しただけですぐ「天井」にぶつかってしまうことになる。

このように、個人の高い貯蓄率は消費需要を抑え、資源を投資に回すことにより旺盛な設備投資を側面から支えたのである（図9-A参照）。前にも書いたとおり「主役」はあくまでも投資であり、貯蓄はそれがなければ高度成長という「舞台」が成り立たない「名脇役」であったというべきだろう。

◉輸出と輸入原材料

日本経済について考えるとき、いつでも問題になるのが「輸出」である。輸出は高度成長のプロセスで一体どのような役割を果たしたのであろうか。

戦前の日本経済が「輸出主導」の経済であったことはよく指摘されるとおりである。十九世紀の終わり（一八八二～九一年）から一九三〇年代にかけて、およそ半世紀の間に世界の貿易量（実質）は二・五倍になったが、同じ期間に日本の輸出量は二十五倍にまで拡大している。また、戦前の景気循環——とりわけ第一次世界大戦後の景気は輸出のアップ・ダウンによって強い影響を受けた。第一次世界大戦中の高成長、一九三〇年代に欧米諸国が「大不況」に悩まされる中での成長は、いずれも輸出ブームによって引き起こされたものである。

わたしたちの主題である戦後の高度成長の時代はどうだったのだろうか。一九四九年（昭和24）に設定されて以来、七一年（昭和46）まで続いた一ドル＝三百六十円という為替レートが「割安」であったために、日本経済では鉄鋼、造船、硫安、セメント、自動車、電気機械などほとんどあらゆる産業が輸出産業化し、旺盛な輸出をとおして高度成長を生み出した。このような考え方もある。企業の経営者の多くが一貫して輸出を重視してきたことも事実である。例えば先にも引用したソニーの創業者の一人である盛田昭夫は、次のように回想している。

わが社はまだ規模も小さく、国内市場の開拓さえ十分とはいえなかった。日本市場の未来には、まだまだ無限の可能性があるように思えた。それでもなお、日本の企業が生存競争に勝ち抜くためには輸出に頼らざるを得ない、というのが産業界の一致した意見であった。国民の活力以外に〝資源〟を持たない日本は、ほかに選ぶべき道がないということだった。

当然われわれも海外市場へと目を向けはじめた。そのうえ、事業が発展するにつれて、海外市場を視野に入れなければ、井深氏や私が思い描いているような会社にすることはできない、と強く感じるようになった。（前掲『MADE IN JAPAN』）

しかし、これから説明するように、経営者や政策当局の「輸出重視」は、「国内需要」主導の高度成長と決して矛盾するものではない。輸出が日本経済にとって「大切」だということと、日本経済の成長が輸出によって「主導」されたということとは別のことなのだ。

戦後の高度成長が「輸出主導」というよりは「国内需要主導」であったということは、様々な方法で示すことができる。最も直接的な方法は、経済成長率を消費、設備投資、財政支出、輸出マイナス輸入（純輸出）など需要項目別に分解し、それぞれの項目がどれだけ成長に貢献したか百分率（パーセント）で示す「寄与率」を調べる方法である。この寄与率を計算してみると、高度成長期（一九五五〜七二年）の「純輸出」の寄与率は一パーセントにすぎない。純輸出は、成長の説明要因として全くマイナーなのである。むしろ高度成長が終わった後の「安定成長期」（一九七三〜八五年）の方が、純輸出の寄与率は一三パーセントと高まっている。アメリカとの貿易摩擦が激化した一九八〇年代の前半には、純輸出の寄与率は三八パーセントまで上昇した。

もう少し短期のアップ・ダウンをみても、高度成長期には輸出は国内の景気と逆に動くことが多かった。つまり、好況のときには輸出はむしろ抑制され、不況になると「輸出ドライブ」を通して輸出が伸びるというパターンを繰り返したのである。こうしたパターンは、安定成長期に入ってから逆転する。

このように高度成長期については、輸出が直接、成長率を高めたという証拠は見いだし難いが、輸出が成長の「主役」であった設備投資を刺激して間接的に成長に貢献したということがあったのではないか。実は、この点を調べてみても——詳細は巻末

図12　自動車の需要と生産

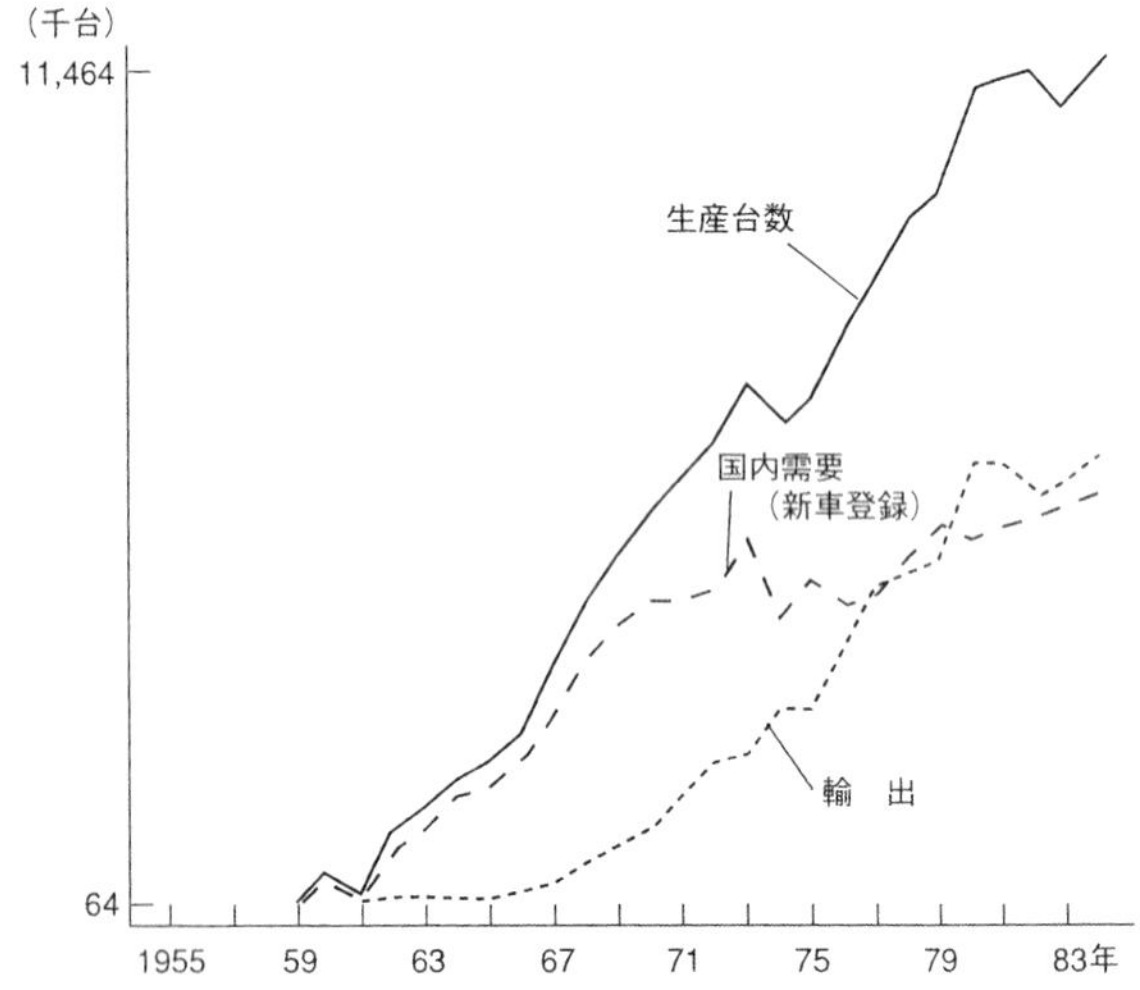

（出所）『自動車産業ハンドブック 1985年版』

の文献に譲るとして——輸出の投資への影響は、むしろ高度成長が終わった後、一九七〇年代以降の方が強まっている。代表的な産業である自動車産業の成長も、図12にみられるとおり一九六九年ごろ——すなわち高度成長の最末期までは基本的に国内需要主導であった。

こうした理由から本書では、戦後の高度成長が図9-[A]に示したように国内需要主導の成長であったと考える。しかしこの結論は、輸出が日本経済の成長にとって「大切」でなかったということを主張するものではない。その理由はほかでもない、輸入原材料の存在である。

国内に原材料を全くもたないわが国は、ほとんどすべての天然資源を海外から輸入しなければならない。輸入原材料の途絶がどれほど大きなダメージを与えるか。このことを日本経済は、戦争直後に思い知らされている。一九四六年（昭和21）、GNPは戦前の二分の一の水準まで落ちた。その原因は、当時の「経済白書」が正しく指摘したように、戦災による工場や機械の消失ではなく、原材料の輸入がストップしたことにあった。こうした戦争直後の経験からも分かるように、原材料の輸入は日本経済の成長にとって、まさに必須の条件である。

ところで原材料を輸入するためには、それを輸出によってファイナンスしなければならない。輸入が輸出を上回れば、「国際収支の天井」にぶつかり、成長は抑制されなければならない。この天井を高めるものは輸出の伸びをおいてほかにないのである。こうした意味で輸出の成長は戦後の高度成長を支える一つの重要な要因であった（図9-B）。輸出は「主役」というよりはむしろ高い貯蓄率と同じく、高度成長にとってなくてはならない「名脇役」であったといえる。

高度成長のメカニズムについてはこれくらいにして、次にこの時代に生じた大きな経済問題であるインフレーションについて考えてみることにしよう。

◉インフレーション――卸売物価と消費者物価

高度成長が工業主導の成長だったことはくり返し述べてきた。第三章でみたように、旺盛な設備投資と技術革新が工業部門で目覚ましい生産性の上昇を実現した。それほどの生産性上昇を実現できなかった農業部門からは、人々が工業部門へと流出していった。こうした高度成長のパターンが必然的に生み出した現象に、「卸売物価」と「消費者物価」の乖離《かいり》がある。

リンゴの価格、タクシーの値段など「物価」は財・サービスの種類に対応して無数に存在する。実際には地域差もあるから「物価」の数は財・サービスの種類より多いだろう。こうした数多くの物価の平均的な動きをとらえようとするのが「物価指数」である。代表的なものとして「卸売物価指数」(現在は「企業物価指数」)と「消費者物価指数」がある。卸売物価指数は、金属・機械・石油・化学製品など原材料のほか広範な工業製品の価格を表す物価指数である。これに対して消費者物価の方は、名前のとおり消費者にとって身近な消費財の価格を代表している。すなわち半分近くが食料費つまり広い意味での農産物価格であり、このほかに交通費・散髪などサービスを多く含んでいる。

二つの価格は高度成長期を通して著しく違った動きをしている（表18）。一九五一年（昭和26）から六四年（昭和39）まで十三年間で、卸売物価はわずか四パーセントの上昇しかしていない。この間ほとんど卸売物価は上昇しなかったといってもよい。一方、消費者物価の方は年率四パーセント以上、したがって十三年間で六割上がっている。なぜ卸売物価と消費者物価の動きはこれほど乖離したのか。

大内（兵衛）　かつて池田さんは、消費者物価が上がっているといって君たちが

表18
卸売物価と消費者物価

年	卸売物価指数	消費者物価指数
1951	100.0	100.0
1952	101.9	104.7
1953	102.6	112.1
1954	101.9	118.7
1955	100.1	118.8
1956	104.5	119.7
1957	107.6	123.1
1958	100.6	123.8
1959	101.6	125.4
1960	102.8	129.3
1961	103.8	135.7
1962	102.1	144.7
1963	103.9	155.2
1964	104.1	161.7

（出所）
日本銀行「卸売物価指数」（総平均）
総務庁統計局「消費者物価指数」（都市・農村総合）

政府をせめるが、卸売物価が上がってないじゃないか。だから、物価騰貴はたいしたことない、このくらいは生産技術が発達し生産量が伸びれば消費者物価の方も下がる、と発言したことがある。これが池田経済学であり、同時に、日本ブルジョア経済学である。たしかに一時そういうふうな現象があった。しかし、この短期の現象を拡張してこの十年間、またはこの数年間インフレーションでないというのはショート・サイテッド（近眼）だ。ぼくは、美濃部君の説は大体間違ってないと思う。すなわち、一定のときをとれば消費者物価と生産者物価とが食い違う。しかし一国の物価の水準に二つあるわけはない。原則的、長期的には、消費者物価と生産者物価とは必ず一致すべきものだ。この二つが長く一致しないということはない。（大内兵衛ほか『日本経済はどうなるか』、岩波新書、一九六六年）

こうした意見もあった。また卸売物価は「企業の価格」、消費者物価は「消費者の物価」だから二つの物価の乖離は企業が得をして消費者が損をしている証拠だなどと言う人もあった。しかしこうした考え方はいずれも間違っている。

二つの物価の乖離は、成長をリードした工業部門と農業・サービス部門で生産性上昇のスピードが違うという事実を表しているにすぎない。第三章でみた鉄鋼業における生産性上昇と床屋のサービスの生産性上昇を比べてみればよい。二つの部門で生産性の上昇率が違っても、働く人の賃金はあまり変わらない（そうでなければ誰も床屋にならない）。そのために生産性上昇がゆっくりな農産物やサービスの価格は、工業製品価格に比べて上昇しなければならないのである。

卸売物価が安定していても消費者物価のインフレーションが生ずる理由は以上である。そうした傾向はどこの国でも観察されるが、日本では二つの物価の乖離が特に著しい。例えばアメリカでは日本の卸売物価に相当する生産者価格（工業製品）は一九五一年を一〇〇として六四年には一一〇であるのに対して、消費者物価の方は一一九となっている。表18の日本の物価指数と比べれば両者の差がずっと小さいことに気づくだろう。二つの物価の差が一一八対一六五と開いているイタリアが日本に近い。

二つの物価の差は、決して企業が得をして消費者が損をしていることを表しているわけではない。それは工業部門において旺盛な設備投資がなされ、生産性の上昇が著しかったことを表している。急速な工業化を通して高度成長を実現した日本やイタリアで、なぜ二つの物価の大幅な乖離、すなわち「生産性上昇率の格差」によって生み出される消費者物価インフレーションが発生したのか、これで理解できるだろう。

地価についても簡単にふれておきたい。一九八〇年代後半の急速な地価上昇、そして九〇年代に入ってからの地価下落を経験したわれわれ日本人は、いまや急速な地価上昇に大きな警戒心をもっているはずだ。地価の急騰即「バブル」と思っている人もいるかもしれない。こうした警戒心は健全な面もあるが、だからといってすべての地価上昇が「バブル」というわけではない。

実は戦後の地価上昇の記録を調べてみると、最大の上昇は高度成長の真っ最中の岩戸景気（一九五八年六月〜六一年十二月）の時に生じている。このときの地価上昇は、急速な工業化と「民族大移動」に伴う大都市近郊における宅地開発などを原因とするものである。それはまさに日本経済の高度成長を反映する地価上昇だった（株価についても同じことがいえる）。

第六章 右と左

安保国会デモ

第一回投票池田勇人二百四十六票、石井光次郎百九十六票、藤山愛一郎四十九票。第二回目決選投票――池田三百二票、石井百九十四票。一九六〇年(昭和35)七月十四日、派閥間の激しい合従連衡の末、池田勇人は自民党総裁選を勝ち抜き池田内閣が誕生した。六四年(昭和39)十月、東京オリンピックを目前に癌で倒れるまで池田は「所得倍増」を掲げて力走した。時代が人をつくる、というのは真実であろう。しかし戦後の歴史の中で池田ほど明確なスローガンを掲げ、しかもそのスローガンに時代が真っすぐに応えた政権があるだろうか。彼は「政治の季節」に終止符を打ち、「経済の季節」をもたらした。文字どおり高度成長を象徴する政治家である。

◉政治の季節――一九五〇年代

升味準之輔は『現代政治　一九五五年以後』(一九八五年)のなかで次のように書いている。「一九五〇年代の日本の最も重要な政治動向は、《社会主義運動》の高揚といってよい」

朝鮮戦争の特需により成長のきっかけをつかんだ日本経済は、一九五〇年代の中ごろから高度成長への道を歩み始める。しかし六〇年代における本格的な「経済の季節」の訪れを前にして、五〇年代には左右ともども政治が激動した。とりわけ日本社会党に代表される左派が、保守政治に対するリアリティーあふれる対抗勢力たりえたところに五〇年代の真骨頂があった。五六年（昭和31）には「ハンガリー事件」が勃発し、ソ連による強圧的な東欧支配の実態が明らかとなったが、升味の指摘どおり、社会主義に期待を寄せる一大勢力が存在した。一方、保守勢力の中枢には、講和条約成立後の日本の再軍備を真剣に模索する勢力があった。左右対決の火種はいくらでも存在した。

短期の連立政権とはいえ片山哲内閣（一九四七年）を成立させた後、ゴタゴタのつづいた社会党は、一九五五年（昭和30）十月、左右両派が統一し「日本社会党」として再生する。ここに衆議院四百六十七議席のうち、ちょうど三分の一に当たる百五十五議席を有する一大左派勢力が誕生した。これに対して、左派勢力の伸張・統一に危機感をもった財界の強い意向を受けて吉田茂の自由党と鳩山一郎の民主党が合同、五五年十一月に「自由民主党」が生まれる。この後三十年間以上にわたって日本の政治の基本的枠組みとなった「五五年体制」がこうして出来上がった。

自民党結党後最初にイニシアティブをとったのは、経済優先主義路線を標榜する旧自由党系ではなく、憲法改正と再軍備を目ざす鳩山一郎、岸信介ら旧民主党系の人たちだった。とりわけ五七年（昭和32）二月に登場した岸内閣は、再軍備を見込んだ上で日米安全保障条約の改定を最重要課題とした。その準備として五八年十月、抜き打ち的に警察官職務執行法いわゆる「警職法」の改正案が国会に提出された。警察官の権限を拡大・強化する同改正案の狙いについて、岸は後にはっきりと述べている。

安保条約は相当の反対を予想して、その反対をあくまで押切ってやるという強い決意をもち、命をかけてやるつもりだったから、その秩序を維持するための前提として警職法の改正はどうしても必要だと考えていたんです。（『岸信介の回想』）

すでに「改正騒動」の渦中にあって、新聞の「岸首相警職法を語る」と題したインタビューに登場した岸は、その中で警察官の職務として「個人の生命・身体・財産を守ること」、「犯罪の予防」、「公共の秩序の維持」の三つをあげたうえで、「一番大きく欠けているのは公共の安全と秩序を維持するための権限です」（『東京新聞』一九五八年十月二十五日付夕刊）と、はっきり言っている。

治安維持法、「オイコラ警察」の復活といわれた改正案を、岸は強引な国会運営によって採決しようとする。しかし総評（日本労働組合総評議会）による全国スト、四百万人が参加したといわれる「国民統一行動」、社会党による強硬な反対にあい、法案は廃案となった。

戦前「満州国」で「二キ三スケ」の一人として勇名を馳せ、東条内閣の商工大臣を務めた岸信介は、戦後A級戦犯となるが釈放されて政界復帰し、五三年に衆院議員に当選した。警職法に関する発言からもわかるとおり、岸は徹頭徹尾「戦前」志向の政治家だった。岸にとって敗戦国日本の再建とは、とりもなおさず戦前の日本の再建にほかならなかった。国会で社会党が三分の一を占めている以上、憲法改正は当分不可能である。岸にとって最大の課題は、再軍備を準備しながら日米安保条約を改正することだった。

一方、安保条約について新聞に寄稿した吉田茂は「これに手をふれる必然性はぜんぜんないと信ずる」と書いている。また日本の再軍備についても吉田は岸と異なり、はなはだ消極的であった。「現行憲法の自主的改正」「国情に相応した自衛軍備」は自民党の「政綱」にうたわれていたのだから、自民党総裁として岸の目指したところは形式的には独断とはいえないだろう。しかし吉田茂の態度からも明らかなように、自民党の中にも再軍備の程度やステップについて様々な考え方があった。岸はこの点について最右翼の強硬派だった。

◉六〇年安保と三池争議

一九六〇年（昭和35）一月ワシントンで調印された新安保条約について、二月から国会の審議が始まったが紛糾、結局五月二十日野党欠席の中で自民党による単独採決がなされた。正常な手続きを無視した強行採決に対する反対運動はまさに燎原の火のように燃えひろがった。六月四日のストには全国で戦後最大の四百六十万人が参加したという。十一日の国会デモ二十三万人。六月十五日五百六十万人の全国スト。この日の夕刻、女性の多いデモ隊に右翼が襲いかかった。これに怒った全学連が国会構内に突入。警官隊との衝突の中で女子大生樺《かんば》美智子が死亡した。六月十九日午前零時、新条約は自然承認されたが、二十二日六百二十万人参加のスト。翌二十三日、岸首相は退陣した。

「安保」は、戦後政治史上最大の国民運動を生みだした。多くの国民がアメリカの反共戦略へ深く関わることに対して危惧を抱いていたし、何よりも岸の強圧的な政治姿勢に反撥した。安保は升味が「五〇年代の日本の最も重要な政治動向」とした「社会主義運動の高揚」のまさに絶頂期であった。

「平和憲法」「戦後民主主義」の擁護、「原水爆禁止運動」など政治闘争においては明確な目標と「大義名分」を得た社会主義運動も、反面「経済闘争」においては早くから基本的な問題を抱え込むこととなった。経済問題の「究極的・抜本的解決」は社会主義の実現によるしかないという立場はしばしば目前の「合理性」と衝突し、「経済闘争」が強引な政治闘争へと転化されたからである。例えば技術革新や「合理化」への対応。

技術革新や合理化投資はわれわれの生活に「豊かさ」をもたらす源泉である（第三章）。しかし五〇年代の労働運動は「階級闘争路線」にのっとり、これに真っ向から反対した。一九五六年に八幡製鉄の労働組合が掲げた「労働者を犠牲にする生産性向上運動反対」というスローガンは、この時期の労働運動を象徴するものだったといえる。だがパイを大きくする技術革新や生産性向上に反対するよりも、大きくなったパイの中から正当な分け前を得る方がずっと「利口」ではないか。これは誰でも考えることであり、とりわけ企業別組合の下ではごく自然に出てくる発想だろう。そんな考え方は「階級意識が低い」などという議論は、「階級意識の高い」一部の人にしか通用しない。実際一九六〇年になると、八幡労組の方針も「合理化の成果を収穫する闘い」へと変わる。さらに六四年には「労使協調」路線を強調する「金属労協」が結成された。

社会党の中にも、こうした変化に敏感に反応したグループがあった。イタリア共産党のトリアッティなどの影響を受けたいわゆる「構造改革派」（二〇〇一〜〇六年小泉純一郎内閣の下での「構造改革」とは別の意味）が旗揚げしたのは、一九六〇年安保直後のことである。しかし江田三郎書記長ら「構改派」は左派と総評から「改良主義」のレッテルを貼られ、リーダーシップをとるには至らなかった。結局社会党は五〇年代のスタイルを脱皮することに失敗したのである。

強引に組織された政治闘争が悲劇的なカタストロフィーをもたらした最大の事件は「三池争議」である。三池争議（一九五九〜六〇年）は、技術屋社長の強いパーソナリティー、活動家の指名解雇などが火に油を注いだ面があるにしても、いまふり返れば、階級闘争路線に基づく労働側の強引な政治闘争こそが最大の原因であったと考えざるをえない。大局的には石炭から石油へという「エネルギー革命」は止めようもない流れであった。こうした流れの中では石炭産業は縮小せざるをえない。それと並行して炭坑夫の数も減らさなければならない。必要なことは、いかにスムーズに石炭産業の雇用者を他の産業へ転職させるかであったはずである。離職者にとってできるだけ有利な条件を会社から引き出すこと、また国に対しては転職者にできるだけ手厚い政策的措置を要求していくこと、そうしたことこそ労働側が目指すべきことであったはずだ。しかし三池労組の理論的指導者たち（代表は九大教授で社会党左派のイデオローグ向坂逸郎）や総評のリーダーには、そうした発想は全くなかった。

「良識的」左派とでもよびうる経済学者有澤廣巳は、争議の最中に三池を訪ねたときのことを次のように回想している。

僕はもっぱらエネルギー革命を説いて、石炭にしがみついていたらダメだ、石油にどんどんやられてしまう。だから、そこを考えて闘争もしなければいけないし、僕らもそこを考えて転換をどうスムーズに図るかということを考えているということを話した。……とにかくエネルギー革命で石炭の時代はだんだん石油に置き換えられる。だから石炭にしがみついていても闘争には勝ち目はない。経済の原則だから、早く石炭についてもこの闘争をうまく、撤収とまでは言わなかったが、闘争をうまく収めるようにしなければいけないと言った。それについては僕もできるだけのことはしますと、それは言ったんだけれども、石炭をいつまでも残せという説にはどうしても反対せざるをえないということを言った。（有澤廣巳『戦後経済を語る　昭和史への証言』、東京大学出版会、一九八九年）

こうした有澤のような意見は「向坂理論」に凝り固まった三池の労組や総評幹部には全く聞き入れられなかった。三池争議を「総資本と総労働の対決」と位置づけ「職場闘争」により革命拠点を構築しようとするような闘争方針は、「玉砕」への片道切符以外の何ものでもなかった。

一九六〇年七月十九日、退陣した岸首相の後を受けて成立した池田内閣は、直ちに三池収拾に乗り出す。翌二十日午前三時、中労委の斡旋によりピケ隊と警察の衝突は間一髪で回避された。十一月一日、二百八十日余りつづいた三池闘争は終結する。しかし労働側が得たものは何もなかった。安保・三池をへて政治の季節は終わる。

◉所得倍増計画

「経済のことは池田にお任せください」。憲法改正、再軍備と「政治」を前面に押し出した岸内閣とは打って変わって、池田は「低姿勢」による「経済主義」を標榜した。その目玉となったのが「所得倍増計画」である。

五〇年代後半、日本経済の先行きについて悲観的な見方が支配的だった。それまでの「復興需要」が一段落すれば、早晩成長率は下方屈折するはずだ。また成長に伴って輸入が増えればすぐに国際収支の天井に突き当たってしまう。日本経済には国際収支の天井を押し上げて持続的な高成長を可能にするほどの輸出競争力はない。こうした考え方がエコノミストの間に広く行き渡っていた。一九五六年(昭和31)の『経済白書』が生みだした有名なキャッチ・フレーズ「もはや戦後ではない」も、戦後復興が一巡したこれからは、よほどのイノベーションが行われないかぎり成長率は下がらざるをえないだろうという一種の危機感を表したものだ（75ページの引用参照）。そうした中で日本経済の将来について一人きわめて楽観的な見通しをもっていたのが、大蔵省のエコノミスト下村治だった。下村はやがて池田内閣の大看板「所得倍増計画」のチーフ・アーキテクトとなる。

「経済成長実現のために」と題した一九五八年九月十七日付の大蔵省「部内参考資料」の中で、下村は次のように書いている。

池田勇人

下村治

日本の経済はいまや重要な転機にある。終戦後多年の間われわれが心を砕いてきたのは、ともすれば行き過ぎとなりがちな総需要をいかにして総供給の範囲内に抑圧調整するかであったが、いまや、われわれは充実した供給力をいかにして健全な経済成長として実現するかを問題とすべき時期に到達した。

日本経済の「転機」を「勃興期」としてとらえたことについて、後年下村はこう回想している。

（多くのエコノミストは）明治以来のトレンドを伸ばしていく。このトレンド線に入ったらそこでそのトレンドの上を行くんだということ、すべてトレンドで説明される。あるいは過去の傾向、過去の情勢で今後の情勢が投影されるという形になるんです。違ったことが起こるんじゃないかというのは、そういうものに拘束されないで、いま与えられた条件、いまつくり上げた新しい条件、あるいはいまあらわれた新しい条件のもとでこれからの状態を決めなくちゃいけない。その状態がいままでよりも高いところに向かって急速に伸びる過程じゃないか。経済の状態でいうと、われわれが経験してきたこれまでのみじめな状態とまったく違った、先進工業国の状態に急速に上がっていく状態だ。それを言葉でいえば勃興期というのがちょうどいいんじゃないかということですね。（エコノミスト編集部編『証言・高度成長期の日本（上）』、一九八四年）

年が明け、翌五九年の正月三日付の『読売新聞』に、理論経済学者中山伊知郎の「賃金二倍を提唱」が発表される。

貧乏のただ中で如何にして福祉国家の理想に接近するか、この問題に直面するとき、この未来像には一層具体的な形が与えられねばならない。その具体的な形として、私はあえて賃金二倍の経済を提唱して見たい。……いうまでもなく、賃金を倍加するためには前提が要る。それに値する生産力をもつことが第一である。現在の日本の賃金水準は西ドイツの約三分の一であるが、西ドイツが日本の三倍の水準をもっているのは、三倍の生産力をもっているからである。生産力に即応しない賃金水準は如何なる力をもってしても持続性がない。……貧乏という事実は長い間存在した事実である。ただ現代と旧代との相違はこの貧乏という事実を意識したかどうかという一点にある。すでにこれを意識した現代の場合には、こ

(5) ☆14版☆ 昭和34年1月3日 (土曜日) 読売新聞 第29505号

日本の希望 ③

賃金二倍を提唱

生産伸ばせば夢でない

経済 中山伊知郎

自由の魅力造り出せ

全体主義と話合いに忍耐

カール・ヤスパース

平和の年を念願

各国首脳新年のメッセージ

賀正

賀正 皇太子殿下の御成婚の年を迎え経済界の躍進を望む

三井金属鉱業株式会社
東洋レーヨン株式会社
三井石油化学工業株式会社
三井化学工業株式会社
東洋高圧工業株式会社
三井鉱山株式会社
北海道炭砿汽船株式会社
三井造船株式会社
三井船舶株式会社
第一物産株式會社
ゼネラル物産株式会社
大正海上火災保険株式会社
三池合成工業株式会社
三井不動産株式会社

中山伊知郎「賃金二倍論」が掲載された『読売新聞』(1959年1月3日付)

の事実をそのままにして前進することは出来ない。共産主義はこれに対する暴力的解決を企図するものであるが、この途をとらぬとすればこれに代る克服の目標を掲げねばならない。二倍の賃金という目標はまず労使の共同目標として、やがては国の政策目標として、具体的な日本経済の未来像への有効な一歩となり得るものと考える。

岸内閣で通産大臣を務めていた池田勇人は、早速「月給二倍論」を公にした。このころには下村はすでに池田のブレーンになっている。やや遅れて十一月、岸首相も経済審議会に対して国民所得倍増を目指す長期計画について諮問するが、岸が安保に追われている間に高度成長で論陣をはったのは「月給二倍論」の池田だった。『朝日ジャーナル』誌上で経済学者都留重人に「月給二倍論」を批判された池田は堂々たる反論を寄せている（「勃興期にある日本経済」、一九五九年八月二日号）。

都留君は、復興期に経済が高い成長を示すことを認めるが、その要因は何か。まず第一に、強い復興意欲が国民の間にみなぎっていることである。第二は、高い技術と能力とをもった大量の労働力が復職の機会を待っているということである。第三は生産設備の急速な回復、そして、第四には高い需要圧力である。

だが、これは復興期だけの特徴ではない。一般に、経済勃興期の特徴である。そうして、日本経済は、こんにち、まさに、このような勃興期の特徴をはっきりと示しているのである。（中略）「十年のうちに月給が二倍にならなかったら、いさぎよく挂冠（けいかん＝官を辞すること）する責任感があるか、社会主義国でも生産目標を達成しえなかった行政責任者はツメ腹を切らされた例がある」というが、都留君らしくもない古風な、そして間違った責任追及論だ。社会主義国の経済計画責任者が計画達成にしくじってやめさせられるのは当然のことではないか。民主主義自由経済国家の経済政策担当者を社会主義計画責任者と同列におくことはできないが、かといって、私はその責任をのがれようなどとは毛頭思っていない。私は統制経済や計画経済論者ではないから、十年という期間を限定して、計画的に月給を二倍にするとは、いいもせず、考えてもいないが、しかし私の政策を実行してなおかつ、十年間に月給が二倍にならんようなことがあれば、挂冠どころか一生をかけている政治家をさえやめるくらいの決意をもっていることをお答えしておく。

このころ多くのエコノミスト、とりわけ左派が日本経済の基本的な問題点として考えていたことの一つに、大企業と中小企業の賃金格差などいわゆる「二重構造」の問題があった。この点についても池田は、都留の批判に対して次のように答えている。

所得格差縮小の問題はもとより大切である。だが、「乏しきをうれえず、均しからざるをうれえる」式の戦時非常経済意識ないしは停滞的封建経済的意識が底流をなすかの考え方には賛成しかねる。経済を拡大し、総生産を増加していく過程において、格差の縮小をはかるべきであろう。一般に経済成長の問題は、付随的に、いわゆる二重構造の問題などをふくめて、ダイナミックな発展過程において理解し、解決をはかるべきである。（同右）

池田の背後に黒子として下村があり、池田は「下村経済学」を下敷きにして議論していることは間違いないが、一方で、「産出係数に関する定量的な結論は別稿の下村君にゆずる」とあるとおり『朝日ジャーナル』誌には下村の論文も掲載されている。したがって池田の論稿がゴースト・ライターとして下村によって書かれたとは考えにくい。自ら筆をとって経済学者と論戦するだけの力を「経済の池田」はもっていたのである。

一九六〇年（昭和35）七月池田内閣誕生。池田は早速下村に対して「所得倍増計画」を煮つめるように指示する。手づくりの計画づくりについて下村は次のように回想している。

下村　いまはコンピュータがやってくれているんですが、所得倍増計画が始まったときの表は、一〇年たってGNPが二倍になるとか、三倍になるとかという数字が出ますね。そのときに消費がどうなる、財政支出がどうなるという数字がずうっと出てきて、全体の表があるわけですが、そういう計算をとにかくできるだけコンシステントに計算しておかないといけないものですから、そういう計算はそうとうの手間のかかる計算ですが、いまいった連中がやってくれた。池田さんはそれを見ていろいろなことをいっておったわけです。

――その表は六畳一間ぐらいになるという説も残っていますが。

下村　そういう表じゃなくて、何枚も何枚もあるわけです。つないだら六畳一間になるというほどのことはないですね（笑）。（前掲『証言・高度成長期の日本（上）』）

六〇年十二月二十七日、経済審議会の答申に基づき「所得倍増計画」が閣議決定された。計画では六〇年から十年間の平均成長率を七・二パーセントに設定、したがって所得はこの間に二倍となる。多くのエコノミストは官庁エコノミストも含めてこの計画を楽観的に過ぎるとみていたが、池田はこれでも不満で九パーセント成長を公約し、閣議決定した「計画」に別紙をつけさせた。下村はさらに高く一一パーセント成長を適当な成長率として考えていた。現実の日本経済は六〇年から十年間平均一〇・五パーセントの成長率で成長した。ほぼ下村が見通したレベルで推移したのである。

高度成長は「所得倍増計画」という「計画」によって生み出されたわけではない。計画経済でない日本経済ではそんなことはありえないことだということもできるだろう。しかし政策運営に責任をもつ政治家や官僚が、第五章でみたような日本経済のメカニズムがもつ潜在的成長率を一〇パーセントと見きわめていたことの意義は大きい。一方、左翼のオピニオン・リーダーたちは一九六〇年代に入ってからも依然としてマルクス主義の教条にとらわれていた。

◉高度成長と政党支持率

オリンピックの翌年一九六五年（昭和40）に日本経済は高度成長期最悪の不況に見

舞われた。経営危機に陥った業界トップ山一証券へ史上初めて「日銀特融」が発動されたのはこの年のことである。といっても実質GNPの成長率は六・四パーセント、現在からみれば夢のように高い水準だった。この年、社会党左派を理論的に支える代表的なマルクス経済学者が座談会を行っている。

大内（兵衛）　僕はこの不況はほんとうなら国は放っといたほうがいいんだと思う。そして資本は資本としてその努力により解決したらいい。いま多少の出血をした方がいいと思う。ただ、日本資本主義の政治、自民党の政治はこれを放っとかないですね。すなわち日本の資本家はだれも僕の考えるような自力をもっていない、彼らは必ず政府に救援を強要する。そこで政府はそれに手を出す。これが政府による需要づくりでありフィスカル・ポリシーである。

美濃部（亮吉）　放っといても、日本の資本主義が生き延びられますか。

大内　生き延びられるどころか、放っておいた方が早くよくなりますよ。

美濃部　資本主義としてですか。

大内　そう、資本主義として健全になる。もちろん、放っておけば、恐慌（クライシス）がいま起こるということはあり得る。多少の出血はある。それは原因があるのだから、起こるのはしかたがない。過剰の生産設備は恐慌によってその設備の一部を破壊すればよい。それが出血であるが、これによって旧式な、不生産的な設備がつぶれればあとはよくなる。それ以外にそれをなおす方法はない。そこで恐慌が起こるなら、いま起こした方がいい。それは将来起こらねばならない恐慌と比べれば、小さな恐慌で済むからだ。原因がある以上、熱は抑えない方がよい、輸血もしない方がよい。自然療法がいちばんよい。

美濃部　しかし、いま起こったら大変でしょう。

大内　相当なものでしょうね。それはシシくったむくいだ、多少は辛抱しなくちゃいけない。（前掲『日本経済はどうなるか』）

座談会であるだけに、わかりやすい言葉で率直に考えが述べられている。資本主義経済では、しょせん何をやってもダメ、社会主義社会になるまで待てという、こうしたマルクス主義の立場からは、労働者にとって実りある「経済闘争」のシナリオは出てこない。これは労働者の利益を代表するはずの「運動」にとってまさに一大アイロニーであった。

実は高度成長は自民党にとっても必ずしも有利な条件を提供するものではなかった。

実際保守系の得票率は、一九五〇年代初頭から一九七〇年（昭和45）にかけて五〇パーセントから三五パーセントまで単調に減少しているのである。石川真澄『データ戦後政治史』（一九八四年）は、こうした高度成長期を通した保守の得票率の直線的下降を「人口移動」によって説明している。興味ぶかい分析なのでここで引用してみよう。

では、人口が移動すると、なぜ自民党・総保守の得票率が下がるのか。また、移動が止まるとなぜ得票率も横這いになるのか。図式的に単純化して言えば、それは次のように説明できると思われる。

日本の保守政党の支持基盤は、党の組織ではなく、候補者個人の後援会である。そして、後援会は地域ごとに組織されるのが普通である。「このムラは、あの先生にお世話になった」、あるいは「これからあの先生に頼ろう」という形で地域の世話役が票をまとめる。農村部などで見ると、それはあたかも農業者の利益を守るための職業組織のように見えることもあるが、基本的には地縁に縛られた組織である。したがって、農業をやめ、町の工場に勤めることに仮になったとしても、昔通りの家から通っている限り、支持する「ウチの先生」は変わらない。

そのような組織から有権者が離れるのは、住んでいるところを離れたときだけである。引っ越して、「ウチの先生」の選挙区から出てしまえば、引っ越した先の大都会で、別の自民党代議士の後援会に入るよう働きかけられることは、めったにない。そこが党の組織ではない弱みである。たいていの場合、こうした人々は、なじみのない大都会で、ほとんどいつも棄権する層になってしまうと考えられる。

一九七〇年代に入り、雇用の吸収先が製造業から建設業・サービスなど非製造業に移ると「地元」の雇用が増加して人口移動は止まり、それにつれて自民党の支持率低下も止まる。こう石川は分析している。

六〇年代、都市に流入した人々が棄権者に回ったのはなぜか。「都市プロレタリアート」はなぜ社会党支持に回らなかったのか。基本的な原因はすでに述べたように、マルクス主義のイデオロギーでは「政治闘争」のシナリオは描けても、実りある「経済闘争」のシナリオが描けないからである。それでは人々の生活の向上に結びつかない。

高度成長期を通して——あるいは今に至るまで——「破局的」な恐慌はこなかった。高度成長期には平均所得が年々一割ずつ上昇しただけではなく、所得の平等化も進ん

表19　階層帰属意識の変遷　（%）

	上	中の上	中の中	中の下	下	不明
1958	0	4	37	32	17	10
1965	1	7	50	29	8	5

（出所）内閣総理大臣官房広報室「国民生活に関する世論調査」。昭和48年度『国民生活白書』（経済企画庁）より。

だ（この点は今日の中国経済と事情が違った）。

それは国民の意識の変化の上にも表れている（表19）。もともと「中流意識」は強いが、六五年（昭和40）になると「中の上」「中の中」「中の下」を合わせて実に八六パーセントの人が自分は「中流」に属すると意識するようになった。戦前貧困の代名詞であった農村もいまや「土地持ち労働者の里」と化し、保守の基盤となった。

こうした社会では五〇年代型の資本主義／社会主義、資本家／労働者という政治闘争はほとんど意味をもたない。しかし「構改派」を退けた社会党は旧態依然のスタイルのまま長期低落への道を歩み始める。対照的に五〇年代の「政治的対立」を高度成長の中に霧散させることに成功した自民党は長期安定政権を確たるものとした。高度成長の「成果」がなければ、自民党は得票率のみならず議席数をも大きく低下させていたにちがいない。

◉七〇年代へ

一九六〇年代も後半になると、高度成長の歪みが誰の目にも明らかになる。都市の過密、公害など、成長の歪みに対して人々はノーと言い始めた。こうした人々のプロテストは、「住民運動」や「革新知事」の誕生となって表れた。東京では「成長の歪みの是正」を掲げた美濃部亮吉（経済学者、当時東京教育大学教授）が、社会党・共産党の支持を得て知事に当選。一九六七年（昭和42）四月「革新都政」が誕生した。七〇年代に入ると大阪、沖縄、埼玉、神奈川などでも次々と「革新知事」が生まれ、七五年には十都府県の知事が革新系になった。

しかし地方において革新知事が次々に誕生する状況の下でも、国政における社会党の低迷は止まらなかった。それどころか六九年十二月の衆議院選挙で社会党は議席を百四十から九十へと一気に五十議席も失い、「歴史的」大敗を喫する。逆に自民党は「歴史的」な圧勝、三百議席を獲得した。人々は――とりわけ大都市において――身の回りの生活を脅かす、社会資本整備の立ち遅れやガムシャラな地域開発に対して強い批判をもつ一方、国全体のフレームワークとしては保守の提供する「安定」を選択したのである。

一九七〇年（昭和45）。大阪で万国博覧会が開かれたこの年には、十数年間つづいた高度成長もいよいよ終わりに近づく。その原因についてはすでに第五章で説明した。同じころ、日本経済を取り巻く国際的な環境も激動の時代を迎える。七一年アメリカの国務長官キッシンジャーが極秘に中国を訪れ、翌年のニクソン大統領の訪中を決めた。朝鮮戦争以来あれほど犬猿の仲であった米中——アメリカでは中国の切手を集めることすら禁止されていた——が突然握手をすることになったのである。同じ年の八月十五日、ニクソン大統領はドルと金の交換停止を発表（いわゆる「ニクソン・ショック」）、これによって「ブレトンウッズ体制」とよばれた金・ドル本位制（固定相場制度）は崩壊した。円は一ドル＝三百六十円から三百八円へと増価し、現在まで続く変動相場制度の時代が始まる。

七二年（昭和47）七月、七年八か月という政権最長記録を築いた佐藤栄作の後継として田中角栄が総理となった。田中は「コンピューター付きブルドーザー」といわれた持ち前の強引さと行動力を日中国交回復（一九七二年）によって示したが、内政の基本方針は自らの著として公にした「日本列島改造論」にあった。田中自身の起草によるものか定かではないが、彼の名を冠する同書の「序にかえて」を引用することにしよう。

昭和三十年代にはじまった日本経済の高度成長によって東京、大阪など太平洋ベルト地帯へ産業、人口が過度集中し、わが国は世界に類例をみない高密度社会を形成するにいたった。巨大都市は過密のルツボで病み、あえぎ、いらだっている半面、農村は若者が減って高齢化し、成長のエネルギーを失おうとしている。都市人口の急増は、ウサギを追う山もなく、小ブナを釣る川もない大都会の小さなアパートがただひとつの故郷という人をふやした。これでは日本民族のすぐれた資質、伝統を次の世代へつないでいくのも困難となろう。

明治百年をひとつのフシ目にして、都市集中のメリットは、いま明らかにデメリットへ変わった。国民がいまなによりも求めているのは、過密と過疎の弊害の同時解消であり、美しく、住みよい国土で将来に不安なく、豊かに暮していけることである。そのためには都市集中の奔流を大胆に転換して、民族の活力と日本経済のたくましい余力を日本列島の全域に向けて展開することである。工業の全国的な再配置と知識集約化、全国新幹線と高速自動車道の建設、情報通信網のネットワークの形成などをテコにして、都市と農村、表日本と裏日本の格差は必ずなくすことができる。（田中角栄『日本列島改造論』、一九七二年）

こうしたビジョンに基づいて、本文で田中は次のように説く。

「日本経済の高度成長は終った」という人もすくなくない。しかし、民間設備投資や輸出の伸びが大きく期待できないとしても、こんごのわが国経済の成長を支えうる要因はまだ十分に存在している。

その一は、社会資本投資の拡大である。……

したがって、私たちが時代の変化に対応し、これまでの民間設備投資主導＝輸出第一主義の経済運営を転換して、公共部門主導による福祉重点型の路線を政策の根幹にすえ、その実現につとめるならば、日本経済はまだまだ高い成長を持続していくことが可能なのである。

しかし、土木工事のみで「高度成長」を生みだすことは不可能である。高度成長はすでに終焉していた。「列島改造論」は、建設ラッシュとともに激しい地価上昇を生みだした。一般物価のインフレですら七三年には一一パーセントを超え、「狂乱物価」とよばれるようになる。池田の「所得倍増計画」が「時代」をつくり出したのに対して、田中の「日本列島改造論」は高度成長の末期に咲いた「徒花《あだばな》」であった。

第七章

成長の光と影——寿命と公害

煙突からガスと悪臭。マスクをして登校する四日市の子供（1968年）

高度成長はわたしたちの生活を隅々まで変えた。成長は正と負さまざまの「遺産」を残したが、ここでは「寿命」の延びと「公害」をとり上げ、成長の光と影について考えてみることにしよう。

◉延びた寿命

二〇〇九年（平成21）、日本の平均寿命は男八十歳、女八十六歳であった。男女合わせた全体の平均寿命八十三歳は、世界一である。これだけ情報化が進み、医療技術が進歩した現代においても、人々にとって最大の関心事であるはずの「長寿」は、地球上で等しく共有されているわけではない。地理的にはほんの目と鼻の先にあるお隣の中国の平均寿命はいまだ七十四歳であるし、ロシア人男子の平均寿命は六十二歳だ。インドでは平均寿命六十五歳、チャドでは男子四十七歳、女子の平均寿命も四十八歳と男女の平均寿命がほとんど変わらない。

平均寿命は単に医療技術の発展・普及だけではなく、さまざまな経済的・社会的要因が絡み合って決まるものだと考えられる。経済成長（所得の上昇）はそうした多くの要因の中でも平均寿命に大きな影響を与える最も重要なファクターの一つである。世界各国の平均寿命をざっと眺めてみれば、一人当たりの平均所得が低い途上国に比べ

図13　主要国との平均寿命の比較

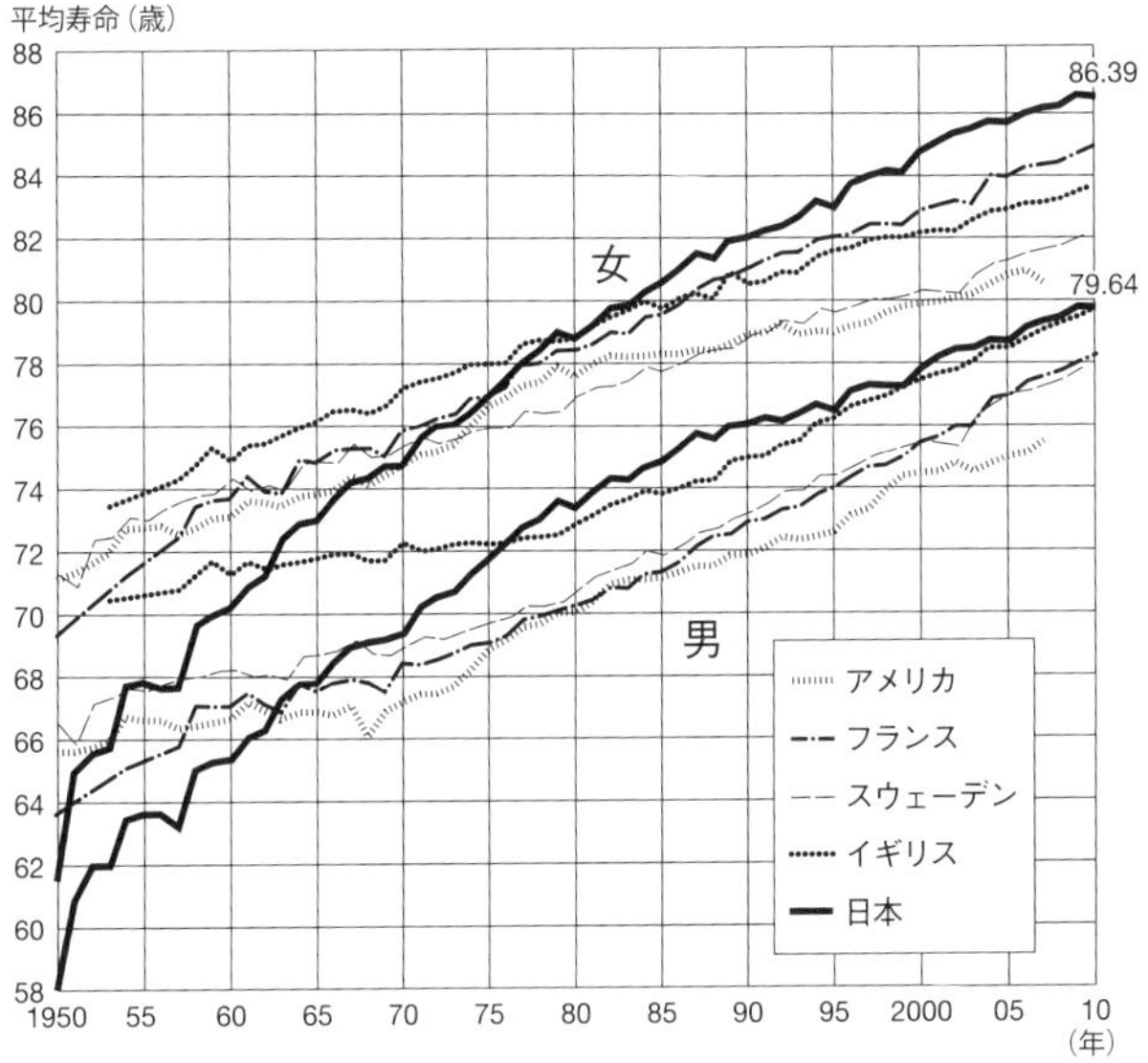

（出所）厚生労働省

て、先進国の平均寿命が長いという大まかな傾向を読み取ることができるはずだ。また戦後は多くの先進国について経済成長と並行した平均寿命の延びが観察される。**図13**からわかるように、日本はこうした先進国の中でもずば抜けた寿命の延びを達成したのである。

　時計の針を戻してみよう。高度成長が

始まる直前、一九五〇年代の初め、平均寿命は男五十九・六歳、女六十三・〇歳だった。この数字をみて、身近な人、あるいは自分の年をふり返れば、ずい分短い寿命であったと実感されるだろう。それが高度成長の終焉した一九七五年（昭和50）になると、男七十一・七歳、女七十六・九歳にまで延びた。二十年余りのうちに男子十二歳、女子では十四歳も延びたことになる。七五年から九四年までその後の二十年間の延びは、男子五歳、女子六歳であるから、寿命の延びは明らかに鈍化している。

高度成長期に日本人の寿命はなぜこれほど延びたのか。この問いに答えるためには、平均寿命の推移を歴史的に分析する必要がある。医学や医療技術の進歩あるいは経済成長により緩急速度は異なるにしても、寿命は歴史的にみたとき単調に延びてきただろう、と思われるかもしれない。しかし、事実は決してそうではない。このことはとりわけ日本について当てはまる。ここではカリフォルニア大学の人口学者ヨハンソンとモスクの研究を参考にしながら、日本人の平均寿命の長期的な推移をふり返ることから始めよう。

図14をみよう。ここには一九〇〇年（明治33）から一九八〇年（昭和55）に至る日本、イギリス、イタリア三国の平均寿命の推移が描かれている。二十世紀の初頭、日本人一人当たりの所得はイギリスの五分の一から八分の一にすぎなかった。にもかかわら

図14　日・英・伊三国の平均寿命の推移

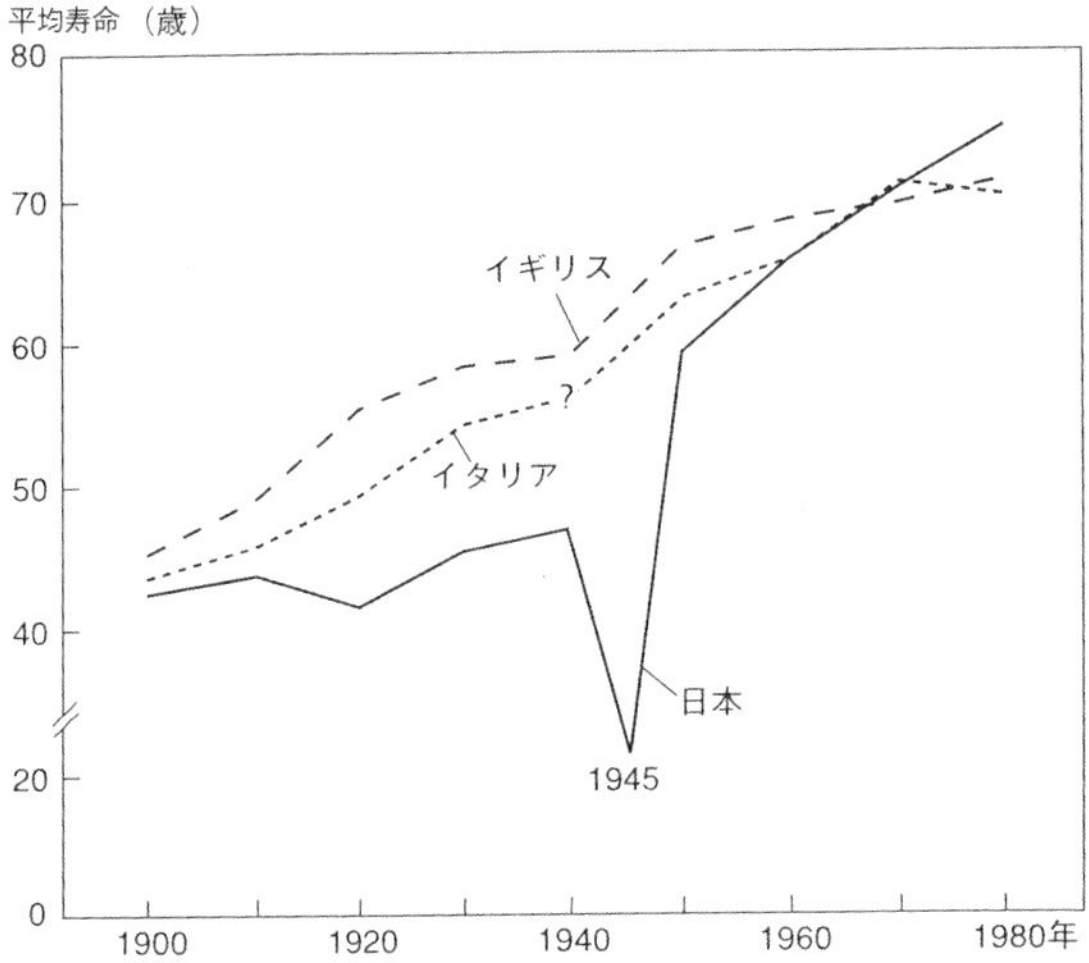

（出所）Johanson, S.R., and C.Mosk, "Exposure, Resistance and Life Expectancy : Disease and Death during the Economic Development of Japan, 1900-1960," *Population Studies*, 41, 1987.

ず、平均寿命（男子）は日本四十三歳、イギリス四十五歳と日英でほとんど差がなかった。イギリスでは所得水準は高かったのに公衆衛生の立ち遅れと都市化の進展によって寿命が短縮され、一方日本では、明治政府による公衆衛生面での努力と、産業化（都市化）がいまだそれほど進んでいなかったことが、低い所得水準のマイナスを補っていたからである（ヨハンソン／モスク）。こうして二十世紀初頭、途上国日本は当時の世界で最も豊かな国と同じ平均寿命を享受することができた。

ところがどうだろう。その後三十年間、イギリスやイタリアでは順調に寿命が延びていったのに対して、日本ではほとんど寿命が延びなかった。一八九九（明治32）～一九〇三年（明治36）の平均寿命四十四・〇歳、一九二六（大正15・昭和1）～三〇年（昭和5）四十四・八歳（男子）である。経済成長により一人当たりの所得は上昇したにもかかわらず、産業化と都市化によりその効果が打ち消されてしまったからである。初歩的な公衆衛生をやりつくした政府はこの間、軍備の増強に狂奔し、上下水道や病院の整備など高額な投資を怠った。戦前の日本は「寿命」でみるかぎり完全な「停滞社会」だったことになる。

ここで都市化が平均寿命に与える影響について一言述べておく必要があるだろう。今日われわれはとかく「進んだ都会」「遅れた農村」というイメージを持ちがちである。しかしこと疾病率、死亡率に関するかぎり、近代化の過程では都市におけるそれが農村をはるかに上回っていた。人口密度の高い都市は農村に比べずっと「危険」な場所だったのである。

もう一つ、ヨハンソン／モスクの説明に登場する「所得」の上昇と「公衆衛生」の役割についても一言しておかなければならない。所得の上昇、公衆衛生いずれもが平均寿命の延びにそれなりの寄与をしているという考えは、読者にも自然に受け入れられる考え方ではなかろうか。すくなくともわたしには十分説得力をもつ素直な考え方に思われる。ところが一部の「専門家」とりわけ「自由放任」を奉ずる経済学者にとってはそうではないようだ。

「シカゴ学派」に代表される「新自由主義」の経済学者は、市場における個人の選択を重視し、一般に政府の役割を評価しない。こうした立場に立つ経済学者は、政府の活動である「公衆衛生」が平均寿命の延びに貢献したことを認めたがらない。一九九三年（平成5）にノーベル賞を受賞したシカゴ大学の経済史家フォーゲルはそうした考え方の代表選手である。所得の上昇が個人の選択——つまりよい食物を食べたりよい家に住んだりすることを通して、平均寿命を延ばすというわけである。しかし伝染病の予防、健康保険などで政府が果たしてきた役割を全面的に否定することはできないだろう。健康保険や上下水道の整備など公衆衛生にも、平均所得の上昇があってはじめて可能になるものが多い。そうした意味で経済成長は公衆衛生にとっても基底を成す要因といってよいが、所得の上昇があくまでも個人の選択を通してのみ寿命に影響を与えるとするフォーゲル流の考え方は、明らかに強弁にすぎる。

さて、第二次世界大戦は平均寿命にも「壊滅的」な影響を与えた。戦争末期、男子の平均寿命を政府は二十四歳と推計せざるをえなかった！　しかし戦争が終わりわずか五、六年、一九五〇年代の初頭には、男女の平均寿命は前に書いたとおり五十九・六歳、六十三・〇歳となっている。戦前四十年かかってたかだか四歳ほどしか延びなかった寿命が、戦後わずか五、六年のうちに十二歳も延びたことになる。最大の原因は、ペニシリンをはじめとする抗生物質など新しい薬が普及したことであった。BCGワクチンの普及により年少者の結核感染率が急激に低下したことも大きい。一九五五年（昭和30）までに結核はほぼ克服された。まさに医学の進歩の成果であった。

こうした「成果」を出発点に高度成長が始まる。戦後五、六年の間に生じた劇的な「好転」にもかかわらず、わが国の平均寿命は戦前の停滞を埋め合わせることができなかった。男女とも欧米先進国との間には五歳以上のギャップがあったのである（図13）。

◉乳児死亡率と医療保険

さて、高度成長が始まった一九五〇年代には、寿命の変化を考える上で重要な変化が生じていた。前に説明したように、人口の密集する都市は、長い間危険な病気に対する感染率、死亡率が農村に比べてはるかに高い、条件の悪い場所であった。ところが一九五〇年代になると、歴史上初めて都市の死亡率が農村の死亡率を下回るようになったのである。人口の密集に伴う感染率の上昇などの不利な条件を、高い所得が可能にする良い栄養水準や住宅、あるいは優れた医療サービスなど都市のもつメリットが凌駕《りようが》するようになったからだ。その結果、農村から都市へという「民族大移動」は、いまや死亡率を下げる要因となったのである。

高度成長期における平均寿命の延びが経済的な要因によってどれほど大きな影響を受けたかを知るために、ここでは乳児死亡率の低下をみることにしよう。**表20**にあるとおり、戦後乳児死亡率は

表20　乳児死亡率の年次推移

（出生千対）

1950	60.1	1986	5.2
1955	39.8	1987	5.0
1960	30.7	1988	4.8
1965	18.5	1989	4.6
1970	13.1	1990	4.6
1975	10.0	1991	4.4
1980	7.5	1992	4.5
1985	5.5	1993	4.3
		1994	4.2

（出所）厚生省『平成８年版　厚生白書』

劇的に低下した。乳児死亡率の低さで日本は現在世界のトップにあるといわれている。ところで表20をみると、今日に至るまでの乳児死亡率の低下は、一九五〇〜七五年における文字どおり劇的な低下と、絶対幅としては小さいが、率を半減させた一九七五年（昭和50）から八五年（昭和60）にかけての十年間の動きから成ることがわかる。このうち後者は、未熟児の救命技術に代表されるような産科医療技術の向上によるところが大きいものと考えられている。

一方、七五年まで高度成長期における乳児死亡率の低下は、いくつかのチャンネルを通して所得水準の影響を強く受けた。一九五〇年（昭和25）から六五年（昭和40）にかけての県・市・郡別データを用いてこの問題を詳細に調べた小椋正立・鈴木玲子の研究は、(1)病院・診療所における出産が上下水道普及率と並んで乳児死亡率を低下させること、また、(2)こうした医療施設における出産比率自体は、母親の教育水準、病床数、健康保険加入率と並んで一人当たりの実質所得によって大きな影響を受けていたことを示している。第一章でも指摘したとおり、一九五〇年には全体の九七パーセントが自宅出産、医療施設における出産比率が例外的に高かった東京ですら自宅出産が七八パーセント、第二位の京都府での比率は九一パーセントであった。都市・農村の区別なくほとんど自宅出産だったのである。

こうしたところから出発して医療施設出産が増加していくのだが、その普及は一人当たりの所得水準によって大きな影響を受けた。小椋・鈴木が重要な要因として同定した母親の教育水準、病床数なども、個々の家計、あるいは地域の所得水準の影響を受けるであろうことを考えれば、全体としての所得水準の影響は直接的な影響を上回るものと考えなければならない。

こうした結論は、県別の乳児死亡率のばらつきを素直に観察することによっても感得される。一九五〇年には青森、岩手、秋田の乳児死亡率が九・五パーセント、九パーセント、八パーセントときわめて高く、逆に東京四・四パーセント、神奈川四・一パーセントなどが低い。両グループの間には五パーセントもの格差が存在した。第四章でみたように、高度成長以前には県別の所得のばらつきは現在よりもはるかに大きかった。高度成長の進展とともに、六五年には青森二・九パーセント、東京一・四パーセントと格差は一・五パーセントまで縮小する。

東北地方で乳児死亡率が高かった一つの原因は肺炎であった。藁葺き屋根の農家は風情もあり、今となってはノスタルジアを誘うことも事実であるが、古い雨戸を通して入り込む隙間風は幼い命を容赦なく奪い去ったのである。高度成長とともに素材・工法など「進化」した住宅は、いかに悪趣味なものだとしても伝統的な家屋に比べて暖房効果に優れ、冬の厳しさから乳幼児（そして老人）を守ったことは否定できないだろう。

高度成長の過程で生じたもう一つの大きな変化は、国民全員をカバーする医療保険が整備されたことである。日本の社会保障制度は一九二二年（大正11）公布の「健康保険法」（工場労働者を対象）に源を発するが、戦後の混乱期を経て一九五〇年代に入ると次第に整備されていった。しかし高度成長が本格的に始まる一九五五年（昭和30）になっても、いまだ農業や自営業者など国民の約三分の一は医療保険の適用を受けていなかった。それが五八年（昭和33）に改正された「国民健康保険法」を大きな契機として、六一年に「皆保険」つまり国民全員をカバーする医療保険が誕生したのである。

国民皆医療保険は平均寿命にどのような影響を与えたと考えられるだろうか。ここでは根岸龍雄・内藤雅子の研究を参考にすることにしたい。図15は皆保険が導入される以前、一九五五年における年齢階級別の「有病率」「受療率」「死亡率」の分布である。いずれも人口十万人当たりの「率」だが、前二者が調査日一日当たりの数値であるのに対して、「死亡率」のみは一年当たりの数値である。

有病率は医師による診断に基づくものではなく、患者本人が調査員に自己申告した

**図15 1955年の年齢階級別――有病率、受療率
および死亡率の分布**

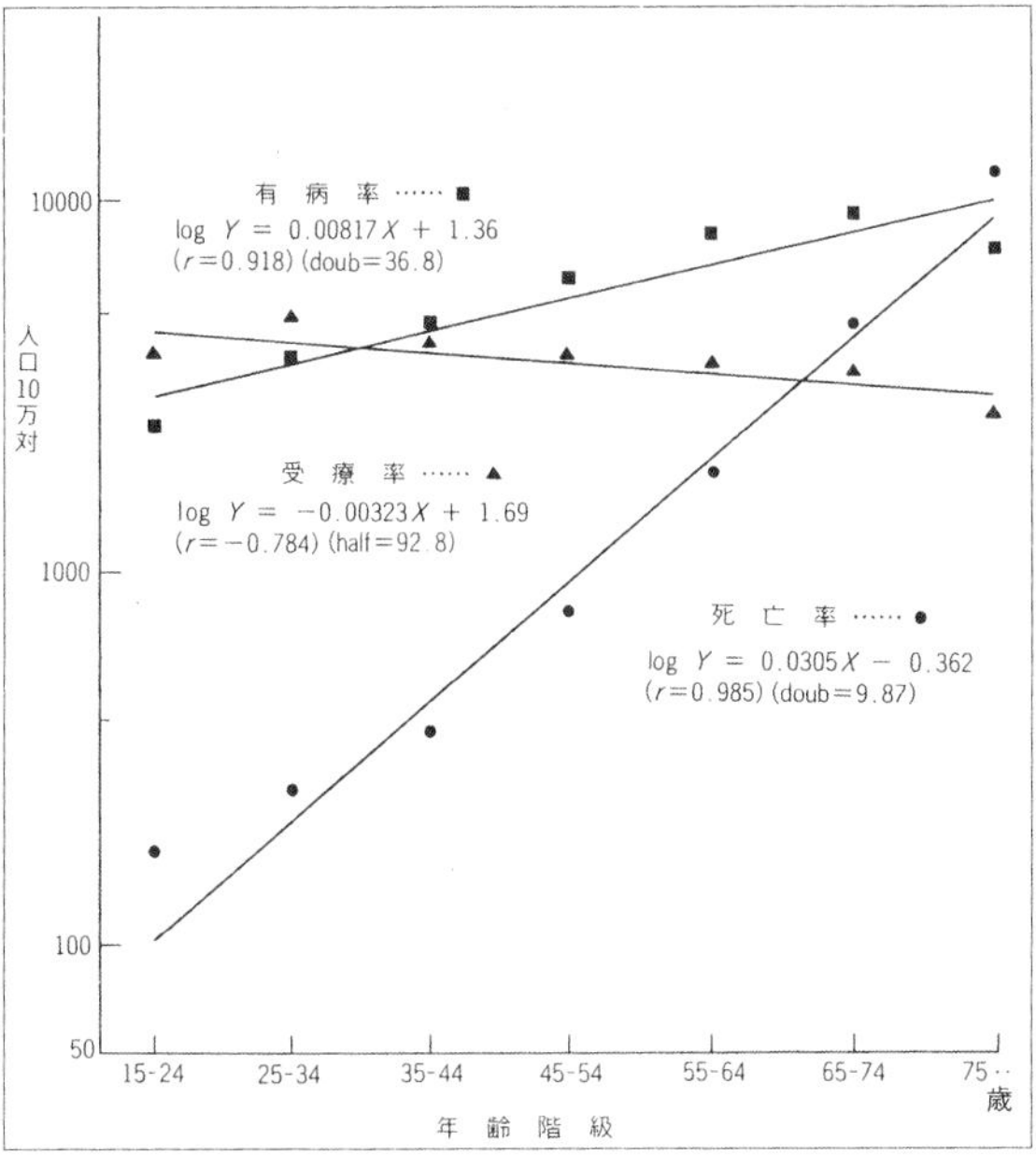

（出所） 根岸龍雄・内藤雅子「現状とその背景からみた21世紀の医療制度」、宇沢弘文編『医療の経済学的分析』

いわば「自覚症状」調査であることに注意する必要があるにしても、死亡率と同じように年齢の高まりとともに上昇している。すなわち横軸に年齢階級をとった図15では右上がりになっている。高齢者ほど病気にかかりやすく、死亡率も高くなるということは、われわれが常識的に当然予想する結果である。ところが「受療率」、つまり医者に診てもらう率をみると、二十五〜三十四歳でピークを示したあと、三十五歳以上では年齢が高まるにつれて逆に低くなっている。これはいかにも異常な姿である。

こうしたところから出発して、国民皆保険が実現した六一年（昭和36）になると受療率は図の中で反時計回りし、右上がりになる。つまり年齢が高くなるほど受療率が高いという「正常」な姿になった。その後も高度成長期を通して高齢者の受療率は上がりつづける。図16にあるように、一九七〇年（昭和45）の受療率のグラフはかなり急勾配になっており、皆保険導入以前の五五年（昭和30）との差は歴然としている。

一九八〇年代以降、国民医療費の上昇が問題になり始めると、高齢者の受療率についても「高過ぎる」、つまり老人は不要の場合にも医者の所へ行き過ぎるのではないか、という立場から批判がなされるようになる。しかしわたしは、今日なされるこうした批判にも何がしかの正当性を認めるにしても、図16にみられるような高度成長期（一九五五〜七〇年）における高齢者の受療率の上昇は、理想状態へ近づく正常な変化だ

図16 片対数グラフ上における受療率分布直線の年次別回転

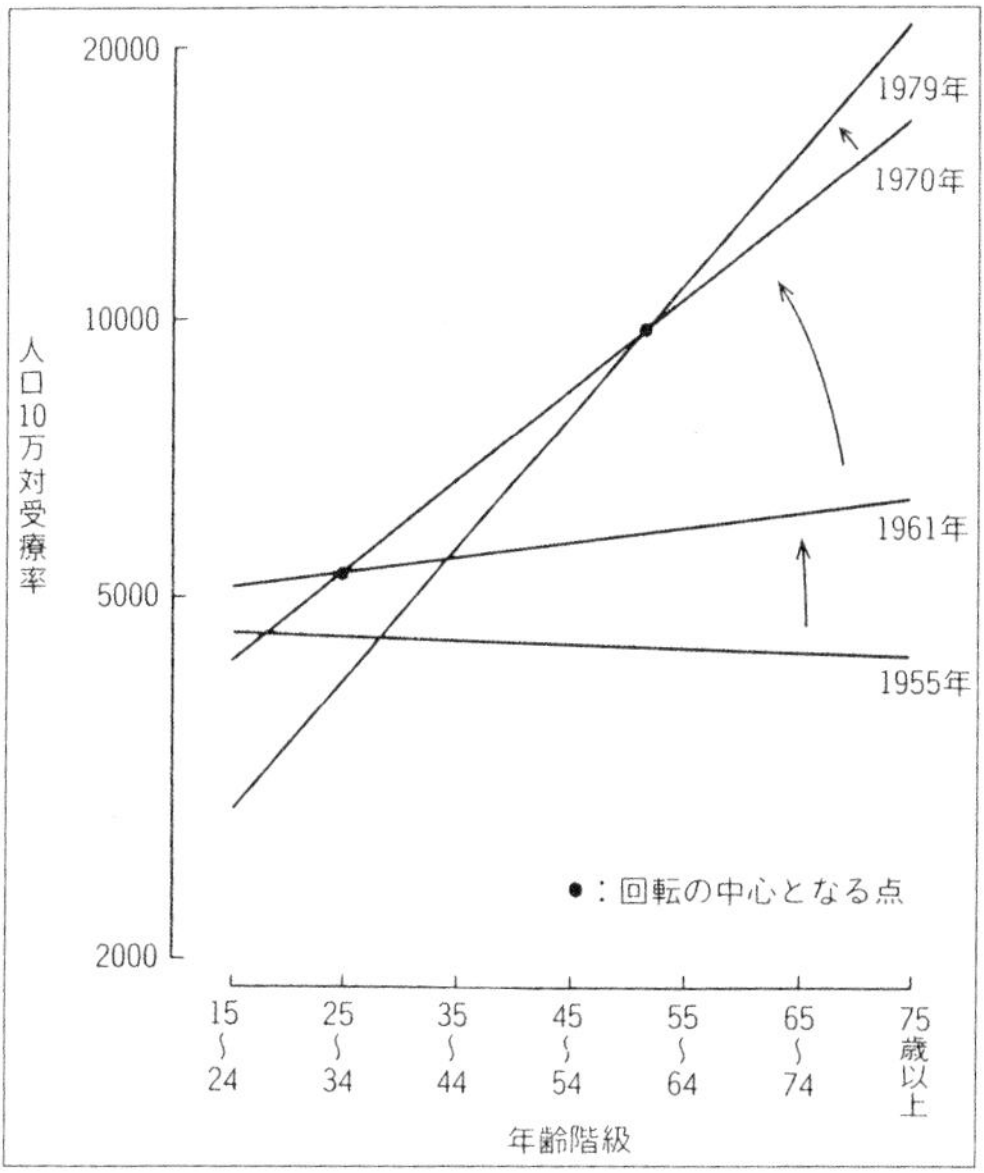

（出所）根岸龍雄・内藤雅子「現状とその背景からみた21世紀の医療制度」、宇沢弘文編『医療の経済学的分析』

ったと考える。皆保険が整備される以前、年齢が上がるにつれて受療率が低下していたのは、かなりの数の高齢者が経済的な理由から医者にかかることを控えていたからだろう。皆保険はそうした経済的制約を緩和することによって高齢者の受療率を上昇させたものと考えられる。このことも平均寿命の延びに貢献をしたことだろう。統計が存在しないので確かめようがないが、高度成長の前と後では単に平均寿命が延びただけでなく、同年生まれの人々の間で寿命のばらつきが小さくなったのではないだろうか。先にみた年齢別受療率の変化は、こうしたことを私たちに想像させる。

寿命の延びは高度成長がもたらした大きな成果である。とりわけ乳児死亡率の低下への貢献は、成長の最大の成果の一つと言ってよいだろう。一九五〇年には東北の乳児死亡率は十人に一人に近かった。しかし高度成長の終わる一九七〇年代中ごろになると、乳児死亡率は全国平均で一%まで低下する。この間に地域的な格差も大幅に縮小した。生まれたての赤児を失う悲しみをこれだけ少なくできたことを、われわれは誇りにしてよいと思う。しかし、高度成長は決してこうした「成果」だけを生んだのではない。

●水俣病の悲劇

公害の歴史は古い。明治二十年代から大正の初めにかけて田中正造が活躍した「足尾銅山の鉱毒事件」はよく知られている。しかし戦後、高度成長が始まると、大気・水の汚染、騒音、振動、地盤沈下など、公害はそれまでとは比較にならない深刻さと拡がりをもって進みはじめた。にもかかわらず、公害の発生が広く認識され始める一九五〇年代から公害対策基本法が制定される一九六七年（昭和42）まで、すなわち高度成長の時代、公害は原因企業や政府により無視され、時には隠蔽《いんぺい》され、重大な被害が拡大していった。その影響は今日まで及んでいる。一九九六年（平成8）五月、公害の原点といわれる「水俣病」最大の患者団体「水俣病被害者・弁護団全国連絡会議」は、原因企業であるチッソ（事件発生当時は新日本窒素肥料）との和解協定に調印した。水俣病の公式確認から実に四十年後のことである。

水俣病は有機水銀による中毒である。熊本県水俣では戦争直後から魚介類や鳥、ネコなどに異常が観察されていた。カラスが突然落下したり、沢山のネコが踊るようにして狂死していったり。そして一九五六年（昭和31）、チッソ水俣工場付属病院の細川一病院長により「原因不明の中枢神経疾患」の患者が多数生まれていることが公式に報告された（現在ではそれ以前の患者発生が確認されている）。

この病気の原因究明に積極的に取り組んだ熊本大学医学部の水俣病研究班は五九年

（昭和34）七月、チッソ水保工場の排水中に含まれる有機水銀がその原因であることを突きとめた。が、工場長をはじめほとんどがエンジニアから成るチッソの幹部は、この「有機水銀説」に猛烈に反発する。熊大の見解に対しては強圧的な反論書が直ちに公表された。その後もチッソは「アセトアルデヒド製造工程で有機水銀が生成されることはない」という一貫した「思い込み」に基づく反論を続けていく。

しかし外部に対する強気な姿勢の裏で、実は当のチッソの内部から、工場排水が水俣病の原因であることを強く示唆する実験結果が生み出されていた。付属病院長の細川一博士は、水俣病患者を発見した後、五七年（昭和32）ごろからネコによる動物実験を続けていた。汚染された魚をネコに食べさせて発病を観察したのである。魚には工場排水以外の物質も混在する欠点を補うために、やがて博士は様々な工場排水を直接ネコに飲ませることに踏み切る。五九年十月、アセトアルデヒド製造工場の排水を飲ませていた「ネコ４００号」（八百匹を超える実験用のネコは番号により識別されていた）が発病した。しかしこの報告はチッソの幹部によって隠匿された。その後の「水俣病裁判」で原告側が「ネコ４００号の報告以降は会社は過失責任ではなく、故意責任を追及されるべきだ」とした重要な報告である。

五九年十二月、すなわちネコ４００号報告の二か月後、チッソは「将来、たとえ原因が明らかになっても新たな補償を要求しない」という条件をつけて患者と「見舞金契約」を調印した。この契約について、後の裁判で患者の一人は次のように証言している。「見舞金契約の時は、字を書いていないマス目の紙に印鑑を押せといわれ押した。いくら金がもらえるかはわからず、契約書に使われることなどまったく知らなかった」（一九七二年七月二十日）。この間にチッソは、五八年には日産七十トンだったアセトアルデヒドの生産を五九年に百四十トンへと倍増させる。まさに高度成長である。

アセトアルデヒドは当時のチッソを支えるヒット商品オクタノールの原料だった。それにしてもなぜチッソの技術者たちは、工場排水が水俣病の原因であることを強く示唆する多くの証拠があるのに、それを一貫して無視し、生産工程で有機水銀が生成されることが「証明」されていないということを論拠に生産を拡大しつづけたのだろうか。もし自分の子供が似たような被害にあったなら、たとえチッソの求めたような「証明」がなくても、原因である「蓋然性」が高い因子を誰でも避けようとするに違いない。後に業務上過失致死罪で有罪判決（一九八八年＝昭和63、最高裁）を受けることになる当時の水俣工場長――仕事熱心で真面目な性格だったといわれる工場長は、裁判において次のように語っている。「工場操業によるプラスと被害のバランスを考えると、人が死んだからといってすぐ操業を止めることにはならない」（一九七一年五月

十四日）

　率直に語られたこの言葉こそが、高度成長時代の「企業の論理」だった。そしてこの「論理」を、通産省はじめ国は長く支持した。政府が「水俣病はチッソ水俣工場アセトアルデヒド製造工程で生成されたメチル水銀が原因」という統一見解に基づき、水俣病を公害病として認定したのは一九六八年（昭和43）九月、すなわち細川博士による病気の公式報告から十二年後のことである。

「企業の論理」は決して会社側、あるいは経営側に限られたものではない。生産性の向上にあれほど威力を発揮した企業別組合と「労使協調路線」が、公害問題では醜い側面を露わにした。一九七二年（昭和47）、チッソ五井工場では、抗議のために訪れた患者グループ十五人とアメリカ人カメラマン、ユージン・スミスにチッソの若手従業員二百人が襲いかかるという暴行事件が発生している。公害を起こした企業の労働組合は、反公害運動に対してしばしば敵対的であった。

　チッソが戦前以来の電気化学に固執している間に、旧財閥系企業を中心に他の化学メーカーは一斉に「石油化学」へ進出した。一九六〇年（昭和35）ごろには川崎、四日市、岩国などに「臨海コンビナート」が続々と誕生する。六〇年代に中学・高校時代を過ごしたわたしには、社会科の教科書に「コンビナート」のことが「光り輝く」

存在として記されていた記憶がある。たしかに石油化学産業のつくり出す「プラスチック」はわたしたちの生活を一変させた。今やプラスチックのない生活など考えられるだろうか？　第三章でみた表5からもわかるように、石油化学産業は高度成長を象徴する産業だったのである。

◉スモッグ公害

地方公共団体は、いずれも「地域開発」に熱心だった。農業や漁業だけでは食べていけない。工業団地を誘致することこそ将来への道だ。こうして一九五〇年代に東京湾や瀬戸内海の埋め立ても始まる。四日市もそうした都市の一つだった。

四日市では一九五九年（昭和34）に第一石油コンビナート、翌六〇年に第二コンビナートが完成し、日本の石油化学生産の四分の一を占めるまでになった。時を同じくして、幼児・老人をはじめとして重いぜんそくが市民の間に急速に広まった。原因は、市民が「七色の悪臭」と名づけた、コンビナートから排出される亜硫酸ガスだった。病気はやがて「四日市ぜんそく」の名で全国に知られるようになる。病死者だけではなく、病気を苦にして自殺をする人も出た。子供たちは活性炭の入った黄色い「公害マスク」をして学校に通う。亜硫酸ガスの臭気がひどい日には窓を閉め、空気清浄機のスイッチを入れる。それでも一九六七年（昭和42）の調査では小学校六年生の欠席率は全国平均の二・九倍だった。身長の伸びに対するマイナスの影響も報告されている（一九六五年、塩浜小学校調査）。

一九六〇年代の中ごろには、こうした成長のマイナス面は誰の目にも明らかになった。六四年（昭和39）の三島・沼津市のコンビナート建設反対運動は、時代の転機を予想させる象徴的な出来事だった。当時、県の担当者として工場誘致に携わった熊谷康は次のように回想している。

NHKテレビが四日市の公害問題を放映したことがあります。これも反対運動が広がる一つのきっかけになりましたね。それと、新潟地震。新潟地震で石油タンクが燃え上がったことがありましたね。その影響も大きかった。

今にして考えると県のやり方も反省すべき点がありましたね。公害運動に対処するのに、「公害は全くない」という印刷物を配ったのです。住民を騙すということはいかんです。全くないというような表現は、かえっていけなかった、と思いますね。……

それにしても、沼津市の反対運動は今にして考えれば見事な動員でしたね。ああいう運動には保守勢力はあまり加わらないものですが、沼津の場合、あらゆる団体を加え、新しい住民運動に発展したというところに特色がありました。地区労、教員組合、それに社会党、共産党が反対するのはともかくとして、最後には、そうでないお医者さんとか学校の先生、婦人会、区長さん、町内会長さん、ほとんどが参加した。六四年九月の沼津市民総決起大会には約二万人が集まりましたね。農民も参加した。最初工場誘致に賛成だった中郷の農民も自動耕運機に乗って集まった。

これだけの反対運動は、かつてその例を見なかったと思いますね、歴史に残るような。（熊谷康「消えたコンビナート」、前掲『証言・高度成長期の日本（上）』）

一九六四年六月、通産省や静岡県による強力なコンビナート建設計画案を三島市議会は拒否した。六七年には新潟水俣病訴訟が起こされ、その後「四大公害」についての裁判が次々に始まる。この年、公害対策基本法が制定された。七〇年（昭和45）になると十四の公害関係法が成立し、七一年に環境庁（二〇〇一年に環境省）が発足する。

こうした一連の動きによって公害が解決したわけではもちろんない。それどころか六〇年代の後半になると、本格的なモータリゼーションによって都市の環境はますますひどくなっていく。建築学者西山卯三は、自動車事故の増加についてふれた後、つづけて次のように書いている。

交通事故だけではない。あの耳をつんぼにする騒音、都市を人間の住めぬ環境にする大気の汚染、こういったマイナスはいったい正確に計算されているのか。その公害を防ぐための職業がふえて所得がふえ、いそがしくなった医者や葬儀屋の収入まで勘定され、それが経済成長に計算されて、われわれの生活水準が上ったというようなバカげたトリックで、われわれはモータリゼイションを肯定しようとは思わない。（西山卯三「生活革新のヴィジョン」、『西山卯三著作集2　住居論』、勁草書房、一九六八年）

「加害者は企業、住民は被害者」という従来の構図に加えて、いまや「マイ・カー」を運転する住民も、被害者であると同時に自分自身が加害者でもあるという複雑な様相を呈するようになった。一九七〇年（昭和45）、高度成長も終わろうとする夏に発生した「光化学スモッグ」は、環境破壊の確実な進行を象徴する事件だった。

高度成長は日本人の平均寿命の延びに寄与した。おそらく寿命のばらつきをも小さくしたのではないだろうか。同様のことは「所得」についてはほぼ確実にいえる。すなわち平均所得が上昇する一方で、人々の間の所得の格差は小さくなった。ここでいう「所得」は金銭的なものにすぎない。環境の破壊は考慮されていないではないか。こうした議論については「おわりに」でもう一度立ち返ることにしよう。

高度成長がたとえどれだけ大きな「成果」を生み出したとしても、重い公害病に倒れた患者ならば、成長など全くなければよかったと思うに違いない。それは当然だろう。水俣病裁判の終結によせて色川大吉は次のように書いている。

水俣病は日本が高度成長をなしとげ、国民が豊かになった代償として起こったものではない。順序は逆である。このような惨たんたる犠牲を平然と見過ごし、利益追求を優先させた社会の体質があったから高度成長ができたのである。(『朝日新聞』一九九六年七月三日付夕刊)

高度成長に対するこうした評価も可能である。たしかに公害の犠牲になった人々は社会的な弱者に集中していた。一九五六年(昭和31)当時、水俣病の患者家庭の半数近くは生活保護を受けていたといわれている。公害病の患者が多発した老人や子供たちは、いつの時代でも健康に関して弱者である。「最も弱き者の犠牲を最小にするべきだ」という基準をもし設けるならば、日本の高度成長は完全な失敗だった、ということになるだろう。

しかし一方では、成長は乳児死亡率の低下や平均寿命の延びに貢献した……。このように考えてくると、「経済成長とは何なのだろうか」とわれわれは改めて問わなければならない。

おわりに——経済成長とは何だろうか

完成直後の東京タワー（Lisenced by Tokyo Tower）

一九八〇年代後半から九〇年代の初めにかけて、日本経済は「バブル景気」に沸いた。

一九八八年度（昭和63）の実質経済成長率は六・七パーセント、高度成長が終わって以来最高の成長率だった。ところが九一年（平成3）から一転して成長率は急降下、九二年一・一パーセント、九三年マイナス一・〇パーセントと深刻な不況を経験し、その後、景気が回復することがあっても日本経済はいつしか「失われた十年」と呼ばれる長期停滞に陥り、さらに二十一世紀に入った今日まで高度成長時代には考えられなかった低成長時代が続いている。

一九九四年（平成6）の実質GNPは一九五〇年代初頭のちょうど十倍。したがって五〇年代初めの一〇パーセント成長と現在の成長率一パーセントはほぼ等しいGNPの増分をもたらすことになる。人口が一・三倍になっていることを勘案すれば、一〇パーセントと一・三パーセントで一人当たりのGNPの増分が等しくなる。実質GNPをリンゴの個数で測るとすれば、一人当たりのリンゴの個数を同じだけ増やすのに、いまでは五〇年代初めの八分の一の成長率でよいわけだ。しかし現在でも「成長率」が低くなれば、経済にはたちどころに歪みが生じる。このことは、低成長の下での若い人たちの就職難を考えればわかるだろう。

そもそも経済成長とは何か。ＧＮＰの成長とは何を意味するのだろうか。子供の身長であれば「成長」を明確に計測することができ、その意味することをわたしたちは、はっきりと目にすることができる。わたしたち一人一人の所得についてもほぼ同じことがいえるだろう。しかし、一国経済全体の姿を表す指標としてのＧＮＰとなると、話はそう単純ではない。わたしたちはまず「物差し」としてのＧＮＰについて考えてみる必要がある。

◉ＧＮＰの限界

ＧＮＰの概念を世界に先駆けて開拓したのはイギリスの経済学者である（第一章にも注記したように、今日では国民総生産ＧＮＰではなく、国内総生産ＧＤＰが用いられているが、ここでの議論において両者を区別する必要はない）。十七世紀の経済学者ウィリアム・ペティ以来の努力が十九世紀に大きな成果を生み出す。世界に冠たるイギリス経済の「進歩」を具体的に計測したい。こうした自然な欲求が研究を促したことはいうまでもない。それに加えて、資本主義経済の発展に伴い、労働者階級がどれだけ豊かになったかを明らかにする。これが、当時の経済学者にとって最大の関心事であった。こうして十九世紀の終わりから二十世紀の初めにかけて、わたしたちが今日ＧＮＰ（Gross

National Product　国民総生産の略）と名づけている統計の原型が出来上がった。直ちに「完成品」が出来たわけではない。その後も多くの経済学者の手によって改良が加えられた。第二次世界大戦後になると国連による国際的な基準も設けられ、今でも改訂作業は続けられている。

ＧＮＰは単に一国経済のサイズを測るだけではなく、その国の「経済的厚生」、すなわち経済的な「幸福度」の尺度であることも当初から期待された。もちろん初期の開拓者たちはこの点についてきわめて慎重だった。二十世紀前半を代表する経済学者ピグー（ケンブリッジ大学教授）は、大著『厚生経済学』（初版一九二〇年）の中で、そもそも「厚生」には「経済的厚生」と「非経済的厚生」があること、もし両者が独立であれば「経済的厚生」を増大させることは有益だといえるが、場合によっては「経済的厚生」の増大が「非経済的厚生」を低下させてしまうこともありうること、さらにＧＮＰ──という用語をピグーは用いていないが──が「経済的厚生」を必ずしも正確に表していないということを縷々《るる》説明している。ＧＮＰと人々の「幸せ」の間にはもともと大きな隔たりがあるのである。

にもかかわらず高度成長の時代、ＧＮＰは日本経済、いや日本という国の輝かしいシンボルだった。一九五〇年代の初め、日本のＧＮＰがイギリスやフランスを追い越す日がくるなどと誰が予想しただろうか。それが現実になったとき、多くの日本人は素直に感動したものだ。しかし六〇年代の後半に入り、成長の生み出したひずみが明らかになると期待は幻滅へと変わる。一九七〇年、『朝日新聞』は「くたばれGNP」という連載（十八回）を掲載した。流行語ともなった「くたばれGNP」は、GNPがわたしたちの「豊かさ」といかにかけ離れた概念であるかということを様々な角度から論じたものである。

GNPはなぜ「豊かさ」の正確な尺度たりえないのだろうか。その答えは簡単だ。GNPは原則として金銭的な取引のみを計上する、また逆に金銭的な取引であれば、それがどのような性格のものであれプラスで計上するからである。この原則によりGNPは統計としての明晰さを勝ちえたが、そこから「豊かさ」の尺度としてはおかしなことがたくさん生まれてくることになった。

例えば母親が育児にどれだけエネルギーを注いでもGNPは変わらない。しかし同じ子供が保育園で育てられればGNPは上昇する。GNPを「豊かさ」の尺度として解釈すればどこか釈然としないだろう。

もっとおかしな例はいくらでも挙げられる。インフルエンザが流行《はや》れば、流行らなかったときに比べて医者が繁盛する分だけGNPは上がるだろう。交通事故でも同じことだ。「訴訟社会」アメリカでは弁護士の費用が日本などとは比べものにならないほど大きい。そうした社会ではトラブルの多発がGNPを上げることになる。通勤のためのコストは、高ければ高いほどわたしたちを「豊か」にしてくれるのだろうか。明らかに逆だろう。かつて半数以上の日本人が暮らしていた農村では交通費はゼロだった。高度成長とともに都市の過密が進み遠距離通勤が普通になると、交通費は膨れ上がりGNPが上昇する。

公害のようにわたしたちの生活にマイナスの影響を与えるものも、金銭的な取引の対象にならないからGNPの統計には反映されない。むしろ深刻な公害が起きたため防除活動が行われれば、たとえそうした防除活動がきわめて不十分なものだったとしても、したがってわれわれの生活の「快適度」が大幅に低下したとしても、防除活動の分だけGNPは上昇することになる。

こうした例を一つ一つ挙げていくと「一体GNPとは何なのか、とんだ代物ではないか」と呆《あき》れられるかもしれない。実際ブータンでは「国民総幸福度」(Gross National Happiness＝GNH)という指標を国の目標として掲げ、世界的に注目されている。

しかしGNPもそれほどメチャクチャなものではない。例えばGNPに計上されない公害(マイナス)や主婦の家事サービス(プラス)などを考慮にいれたMEW——

Measures of Economic Welfare の略、その後 Net National Welfare＝NNWなどという言葉も使われるようになった――という新しい「経済厚生」の尺度が、トービンとノルドハウスという経済学者によって推計された。彼らは「アメリカ経済の成長（一九二九〜六五年）はGNPでみると平均一・七パーセントの成長なのだが、MEWだと平均一・一パーセントの成長にしかならない」ということを指摘した上で、「GNPという尺度によってとらえたアメリカ経済の成長の大まかな姿は、GNPの欠点を補正してもそんなに大きく変わることはない」と結論している。

GNPは「経済厚生」の尺度として欠点だらけだが無意味ではない、というわけだ。これが穏当な結論だろう。だとすればやはりGNPの成長、あるいはもっと一般的にいって近代的な経済成長はよいことなのだろうか。

◉「近代化」のパラダイム

この問いに対してはっきりとイエスと答えたのが、一九六〇年代の初頭に大きな論争を引き起こしたロストウの『経済成長の諸段階』である。ロストウは、すべての経済に普遍的に当てはまる「近代化」のプロセスをきわめて単純明快な形で提唱した。どこの国も、「伝統的社会」から出発して、「テイク・オフ（離陸）の準備段階」「テイク・オフ」「成熟への動き」、そして「高度大衆消費社会」という五つの発展段階を経験する。「産業革命」――この概念については今日多くの論争があるが――に似かよった「テイク・オフ」は、ロストウ理論の「看板」ともなり、途上国の発展問題との関連で大いに議論されたものだ。しかしここでわたしたちの関心を引くのは「高度大衆消費社会」である。

いまではごく普通に使われるようになった「高度大衆消費社会」という言葉だが、ロストウはこの「高度大衆消費社会」こそ、アメリカを先頭にすべての国が目指すべき経済発展のフロンティアだと考えた。「黄金の一九二〇年代」と第二次世界大戦後の十年でアメリカがまず「高度大衆消費社会」を実現した。つづいて一九五〇年代に入って、西欧諸国と日本が「高度大衆消費社会」への道を確実に歩みはじめた。五〇年代の末、ロストウはこう考えていた。

ロストウの「単線的」な歴史観、大胆な発展段階区分を個々の国の歴史的事例を挙げて批判しようと思えばいくらでもできるであろう。またあまりに赤裸々な「進歩史観」ともいうべきその近代化論は単純にすぎるという感想をもつ人も多いにちがいない。しかし社会主義諸国の崩壊、かつて「四匹の竜」と称賛された、韓国・台湾・香港・シンガポールが辿った成長プロセス、そして中国やインド、ブラジルの高度成長などをみると、こうした「近代化」論にはあなどり難い迫力がある。

われわれがこれまでみてきた日本の「高度成長」も、明らかにロストウのいう「高度大衆消費社会」への道程にほかならなかった。ロストウは「高度大衆消費社会」の基準を耐久消費財の普及、とりわけ車の普及に求めている。日本人はこうした耐久消費財に囲まれた「アメリカン・ライフ」を求めて「高度成長」という特急列車に飛び乗ったのである。それはわたしたちに「豊かさ」をもたらしてくれると信じられていた。

この間に生じた変化を思えば、たしかにロストウの議論には大きな説得力がある。実際、洗濯機や冷蔵庫の便利さを否定することは難しい。この物質的な「豊かさ」を求めて、途上国における近代化への営々たる努力が今日でも続けられているのである。お隣の中国の様子をみればこれ以上の説明は不要だろう。

「近代化」は農業から工業、さらに工業内部での産業構造の転換、技術革新、エネルギー革命などを通して生産性を飛躍的に高める。以前には一人当たり三百六十五個のリンゴしか手に入れることができなかったのに、もしそれを七百三十個に増やすことができるとしたら、誰がそれに反対するだろう。これこそが高度成長の背景にあった「近代化」のロジックである。このように考えると近代的な経済成長、端的にいえば

GNPの成長——ただし公害その他に適当な「補正」を加えた上での成長——に反対することは、ほとんど不可能だと思われるかもしれない。しかし本当にそう言い切れるだろうか。

◉成長は「進歩」か？

近代化、そしてそれをもたらす経済成長は「進歩」だと長く信じられてきた。もしリンゴが三百六十五個から七百三十個に増えるだけなら、それは定義によって「進歩」である。しかし「高度成長」の経験が如実に示しているように、経済成長とはわたしたちを取り巻く世界を隅から隅まで全部「取り替える」ことにほかならない。それとともに人の心すら変わる。

こうした経済成長のプロセスで生じるマイナス、その過程で失われる尊いものを、細大もらさず金銭的に評価することは不可能である。地球大に拡大した自然破壊のコストを正確にとらえることなどは、およそ人知を超えたことであろう。また、夜汽車に揺られて集団就職した十五歳少年少女の悩みを「評価」するデリケートさなど、「市場」は持ち合わせていない。

一九一一年（明治44）、夏目漱石は和歌山で「現代日本の開化」という有名な講演を

行った。漱石はまず近代的な経済成長の成果、すなわち「開化」について、

出来るだけ労力を節約したいと云ふ願望から出て来る種々の発明とか器械力とか云ふ方面と、出来るだけ気儘に勢力を費したいと云ふ娯楽の方面、是が経となり緯となり千変万化錯綜して現今の様に混乱した開化と云ふ不可思議な現象が出来るのであります。（『漱石全集第十六巻』、岩波書店、一九九五年）

と説明する。現在推計されている明治時代のGNPによれば、一八八五年（明治18）から漱石の講演が行われる一九一一年までの四半世紀に、日本の実質GNPはちょうど二倍になっている。漱石は「開化」の生み出す便利さを十分に認めながらも次のように言った。

開化と云ふものが如何に進歩しても、案外其開化の賜として吾々の受くる安心の度は微弱なもので、競争其他からいら〳〵しなければならない心配を勘定に入れると、吾人の幸福は野蛮時代とさう変りはなさゝうである……

加えて日本の場合そうした「開化」は「内発的」なものでなく西洋の物真似なのだから、結局「現代日本の開化は皮相上滑《うわすべ》りの開化である……併しそれが悪いからお止《よ》しなさいと云ふのではない。事実已むを得ない、涙を呑んで上滑りに滑つて行かなければならないと云ふのです」。

漱石の講演から四十年の後、日本は高度成長を始めた。そしてわずか六千日の間に日本の社会は根底から変わった。わたしたちはこの変化を「進歩」だと自信をもって言い切れるだろうか。

あとがき

　歴史家ではない私が「高度成長」についての本を書くことにした理由は二つある。一つは私の専門に関係したことである。経済学で「経済成長」を分析するときには、数学的なモデルが用いられる。そうした分析ではあまりに多くの、しかも大切なことが抜け落ちてしまうことを、私は常々不満に思っていた。二十世紀を代表する理論経済学者の一人であるヒックスは「経済学が成長の問題を分析するときには、かぎりなく歴史学に近づかなければならない」という趣旨のことを述べている。いつかそうしたことを実践してみたいものだと私も思っていたのである。

　もう一つはもっと個人的な事情だ。一九五一年に生まれた私は高度成長期にちょうど幼稚園から大学までをすごした。「子供」として高度成長の時代を走り抜けたわけである。その時代を自分なりのやり方で振り返る時間を持ってみたいと思った。こうして出来上がったのが本書である。読者が高度成長の時代、そして経済成長について考える際、手懸りとなれば幸いである。

ささやかな書物であるが、多くの方々のお世話になった。東京大学経済学部秘書室の藤澤敦子、厚谷つかさ、富井瞳、津川姿子、西田麻希、同計算機室の津村ひさ子、高原潤子、以上七人の方々、東京女子大学三年生細谷弥穂さんには様々な面で助力を仰いだ。

また読売新聞社出版局の片矢勝巳、川人献一両氏には本書の執筆を全面的にバック・アップしていただいた。「通信革命」の嵐が吹き荒れる中、大学の研究室へと度々足を運んでくださった両氏との語らいも良い思い出である。

最後に妻節子は、仕事の合間に原稿を読みいくつかの貴重なコメントをくれた。以上の方々に深く感謝したい。

一九九七年二月十六日

吉川　洋

経済成長とは何だろうか再論——文庫版あとがき

『高度成長——日本を変えた六〇〇〇日』は、『読売新聞』創刊一二〇年を記念して企画されたシリーズ「二〇世紀の日本」の一冊として一九九七年に刊行された。タイトルにあるとおり、一九五〇—七〇年に日本の経済・社会が経験した「高度成長」について書いた本だ。本書の巻頭「はじめに」にも書いたが、高度成長はわずか六〇〇〇日の間に日本という国の姿を根底から変えた。それは平安時代、鎌倉時代などというう一つの「時代」を画するほどの変化をもたらした。高度成長とは一体なんだったのか、これから先も繰り返し問われることになるに違いない。

高度成長の時代は遠い過去となった。しかし経済成長は今も日本の経済・社会にとって重要な問題である。文庫として装いを新たにしたこの機会に、「あとがき」では改めて「経済成長」というものについて考えてみることにしたい。

一九九七年に本書が刊行されたとき、『エコノミスト』誌に金森久雄氏が書評を書いてくださった。金森氏は、高度経済成長の最中に旧経済企画庁で「経済白書」執筆の指揮をとられただけでなく、戦後経済史上に残る数々の論争にも参加された著名な官庁エコノミストである。そうした方に書評を書いていただいたことは私にとって大変光栄なことだった。幸いポジティブな書評をいただいたが、書評の最後に氏は次のように書かれている。

この本のエピローグは、「経済成長とはなんだろうか」という題で、自然破壊や心の変化などを挙げ、私たちはこの高度成長がもたらした変化を「進歩」だと自信を持って言い切れるだろうか、という疑問で結んでいる。もちろん大進歩にきまっている。これほどいい本を書いた著者が、エフェミネイトな感傷で本書を締めくくったのは、やや残念だ。(『エコノミスト』一九九七年七月一日号、九八ページ)

高度成長の時代、官庁エコノミストとして活躍された金森氏は、この時代を振り返り「もちろん大進歩にきまっている」と明快に書かれている。昭和二十六年(一九五一)生まれの私は、同じ時代を幼稚園から高校まで少年として生きた。父親がどこからかもらった一枚の入場券のおかげで、中学一年生であった私は学校を休み、東京オリンピックの開会式を観ることができた。そうした思い出も含めて、少年であった私は、リアル・タイムには毎日体一杯「大進歩」を感じ取っていた。

しかしこの本を書いた四十代後半の私は、経済成長というものにどこか煮え切らないアンビヴァラントな気持ちを持つようになっていた。本書の終わりに引用した夏目漱石の「現代日本の開化」は私の琴線に触れ、その思いは今も変わらず残っている。しかし私は反成長論者ではない。否、閉塞感に満ちた現在の日本には経済成長が不可欠だと考えている。そのことを説明するためには、経済成長とは何なのか、もう一度考えてみる必要がある。

本書の主題である高度成長が終焉したちょうど四十年ほど前、それまでは自明とされてきた経済成長に大きな疑問が投げかけられた。有限な地球環境の下で経済成長の抑制を説いたローマ・クラブの報告書は、まさに時代の転換を象徴するものだった。以来四十年、「経済」とはどこか忌避すべきうさんくさい存在なのだという心情が社会の通奏低音として流れてきた。そう言ってよいだろう。「市場原理主義」といえば誰もが血も涙もない非人間的な社会メカニズムを想像するし、「経済効率」を優先したために事故は発生したのだし、「強欲資本主義」が引き起こしたバブル崩壊のために世界中で何千万という罪のない人々が職を失った。「経済成長」は、役割を終えた経済至上主義を象徴するものだ。佐伯啓思氏が次のように語るとき、それは多くの日本人の心情を代表するものではないだろうか。「理不尽な自然の猛威は、日本人の精神に深い傷を刻んだと思う。死生観や自然観を変えた人も多いだろう。「生産を増大させ、富を得て自由になる」という戦後日本の価値観、幸福感も根底から崩れ去った」。（『読売新聞』二〇一一年十二月十七日）

こうした心情は決して二〇世紀の後半から二一世紀初頭に初めて芽生えたものではない。一九世紀初頭のヨーロッパにおける新思潮ロマン主義は、勃興しつつあった資本主義へのアンチ・テーゼとして、「反経済」だった。実際、そうしたセンティメントは、その気になりさえすれば洋の東西を問わずいくらでも遡ることができる。人間の歴史は、経済に背を向けるロマン主義的な（とここでは呼ぶことにしたい）思潮と、それを批判する「合理主義」の相克の歴史ということすらできるのである。

例えば「其の食を甘《うま》しとし、其の服を美とし、其の居に安んじ、其の俗を楽しましむ」、すなわち人間が自然の中で自らの分を知り、現状を良しとして徒に多くを求めないよう無為自然を説く『老子』は、いうまでもなく「反成長」「反経済」である。そもそも経済成長を追い求めるような考え方は西洋発のものであり、東洋の思想は

『老子』に代表されるようなものだ、と雰囲気的に感じている人も多い。

なるほど洋の東西の思想には大きな違いがあるであろうが、事はそれほど単純ではない。というのも老子によって代表される「求めない」という考え方は、東洋思想の雄ともいうべき儒教によって手厳しく批判されているからである。例えば柳宗元と並び唐代を代表する文人であった韓愈《かんゆ》が書き残した「原道」（「真の道」というほどの意味）という文章などは、代表格である。「古の時、人の害多し」。太古人間を取り巻く環境は厳しかった。それを目に見える形で改善した人こそが「聖人」である。すなわち「寒くして然《しか》して后《のち》にこれが衣を為《つく》り、飢えて然して后《のち》にこれが食を為《つく》る」。さらに「医薬を為《つく》って、以って夭《よう》死を済《すく》う」。高名な東洋史家であった内藤湖南は次のように書いている。「支那で作者を聖と称するのは、即ち人民の為に其の生活に関する種種の仕事器物など、更に進んでは文物典章を作った人を聖人とすると謂う意味で、伏犠神農以下文武周公に至るまで皆そう謂う性質の人である。（内藤虎次郎『増訂日本文化史研究』京都、弘文堂、一九三〇年、六七ページ）」。儒教のいわゆる「聖人」というのは、シュンペーターが資本主義を動かす根源的な力とみなしたイノベーションを行う人、つまりイノベーターなのだ。

現代社会において「反経済」「反近代主義」を唱える人は、自らが病気になったときに抗生物質の使用を拒否するだろうか。昭和三十四年（一九五九年）の伊勢湾台風では死者・行方不明者の数が五〇〇〇人を超えた。現在台風でこれだけの死者が出ることはない。こうしたときに私たちははじめて「文明のありがたさ」を思い知るのではないか。老子の説くところは現実論にはなりえない。こう韓愈は説くのである。古くさいというイメージとは逆に儒教の根底には、老子とはまったく異なる明快な「合理主義」がある。江戸時代三百年武士が拠り所とした朱子学も含めて、儒教は明らかに「プロ経済」なのである。

もちろん私は、ここで儒教を引き合いに出して経済成長至上主義を説こうというわけではない。地球環境の持続可能性が問われるいま、経済成長を自己目的化する「成長至上主義」を唱える人はもはやいない。しかし経済成長の果実を忘れて「反成長」を安易に説く考え方は危険ですらある。例えば、低成長だった江戸時代をサステイナブルで落ち着きのある社会だった、などと言って美化するのはあまりに一面的な見方だ。もちろん江戸時代にもいいところがたくさんあっただろうが、「骨が語るお江戸事情」という次の新聞記事のほうが私には実感として納得できる。

東京都内の開発で掘り出された人骨を、国立科学博物館（科博）が大量に保管している。ざっと一万人分。（中略）骨は江戸の人々の暮らしぶりを伝えている。栄養状態が悪く、特に鉄分が不足していた。現代なら死亡率の低い若い世代の骨が多いのも特徴で、伝染病がたびたび流行し、人が簡単に死んだことを物語るという。成人の平均身長は男性が一五〇センチ台半ばで、女性はそれより一〇センチほど低い。日本のすべての時代の中で最も小柄だった。栄養状態が悪いうえに狭い長屋などに密集して生活したストレスの影響と考えられるという。「生活は厳しかった。スラムといった方がいい江戸の影の部分が骨には記録されています」と篠田さん。（『朝日新聞』二〇一一年十二月十七日付夕刊）

日本では江戸時代、マルサスが『人口論』（一七九八年）を書いたころには、経済は人口と密接な関係を持つ、というのが経済学の「公理」だった。マルサスをはじめ当時の経済学者は、食料など生存手段があるかぎり人間は子孫を一人でも多く残すべく行動すると考えた。種としての増殖は人間の本能だというわけである。その結果一人当たりの所得水準はいつまでも「最低生存水準」に停滞する。これこそ先に引用した江戸時代の実態だ。農業を基盤とする人間の長い歴史はまさにこうした姿だった。

経済と人口のリンクを断ち切ったのが、「産業革命」をきっかけに先進国で生じた近代的な経済成長である。「高度成長」は、農業国が工業を中心とする経済に転換し一人当たりの所得の飛躍的上昇を生み出すために史上でたった一回だけ経験するビッグ・ジャンプである。日本は一九五〇～七〇年にこれを経験した。中国は、同じ高度成長を現在経験しつつある。

農業を中心とする伝統的な経済社会を脱して近代的な経済成長が始まると、先進国では人口動態に大きな変化が生まれた。経済成長は、マルサスたちが考えたようにもはや人口の増加を生まなくなったのである。代わって経済成長は、一人当たりの所得の上昇をもたらし、それに伴って平均寿命が上昇するようになった。高度成長の直前一九五〇年の日本の平均寿命は、男五十八歳、女六十一・五歳だった。これは先進国の中では一番短かった。しかし高度成長が終焉した一九七〇年代には、それが男六十九・三歳、女七十四・七歳まで延びた。それから四十年、日本経済はさらに成長した。それとともに平均寿命は今や男八十歳、女八十六歳となり、日本は世界一の長寿国となった。子孫の数を増やすというのは生物の本能かもしれないが、一人ひとり（生物としての個体）の平均寿命の伸長も、人間の本能だといえるだろう。

高度成長についてはさまざまな見方がある。私自身、経済成長に対してアンビヴァラントであることは、この本の「おわりに――経済成長とは何だろうか」に書いたとおりだ。しかし、少年時代にこの時代を経験した私は、いま「高度成長」に大きな花束を贈りたい気持ちである。

文庫本の刊行を可能にしてくださったのは中央公論新社学芸編集部の松本佳代子さんである。また日本の経済学の将来を担う次世代のホープ安田洋祐氏は多忙の中、本書のために解説を書いてくださった。若いお二人に心から感謝したい。

二〇一二年三月三十日

吉川　洋

解説——鮮やかに描かれた高度成長の「空気」

安田洋祐

本書は、日本を代表するマクロ経済学者である吉川洋氏が、「高度成長」期をさまざまな視点から分析し、振り返った一冊である。といっても、（私を含めて）実際に高度成長を経験していない三十代以下の読者にとっては、そもそも高度成長という言葉自体に馴染みが薄いかもしれない。終戦後、焼け野原から出発したこの国をわずか二十年足らずで世界第二位の経済大国に押し上げた高度成長。それは、いったいどのような時代だったのだろうか。文中の記述を一部拝借しながら、まずは駆け足でこの時代をざっと眺めてみることにしよう。

今から半世紀ほど前、我が国は「高度成長」と呼ばれる超右肩上がりの経済成長を経験した。一九五〇年代中頃から七〇年代初頭の約二十年にわたって、日本経済は平均で一〇パーセントという未曽有の経済成長を遂げたのである。これは、およそ七年ごとにGDPが二倍に増えるという驚異的な成長スピードだ。倍々ゲームで経済が拡大する中で「六六年から六八年にかけての三年間、日本は一年ごとにイギリス、フランス、西ドイツ（当時）三か国を抜き、アメリカに次ぐ「西側」諸国第二位のGDPをもつ「経済大国」となった」のである。

高度成長期に生じた変化は経済の拡大だけにとどまらない。著者によれば「今日われわれが、日本の経済・社会として了解するもの、あるいは現代日本人をとりまく基本的な生活パターンは、いずれも高度成長期に形づくられたのである。高度成長は誇張でなく、日本という国を根本から変えた」のだ。「一九五五年から七〇年までの十五年、わずか六千日足らずの間に生じた変化に比べれば、その後四十年間に生じた変化は小さい」。高度成長期には、日本をひっくり返すような、かくも大きな「根本的な」変化が生じていたのである。

では、この戦後日本の命運を大きく左右することになった高度成長という激動の時代を、当代きってのマクロ経済学者である吉川氏はどうやってひも解いていったのだろうか。むろん、データに基づいたマクロ経済の実証分析や成長要因に関する理論分析はお手のものだ。本書の中でもこうした氏のエコノミストとしての分析能力は遺憾なく発揮されている。しかし、本書の真の魅力はむしろ、等身大の目線で描かれた当時の人々の暮らしぶり、思わず情景が迫ってきそうなその描写にある。統計データだけではなく、町の風景写真や広告、漫画、雑誌（なんと『平凡パンチ』まで引用されており、恩師である吉川氏への印象が〈良い意味で〉少し変わったことも告白しておかなければならない）など、身近な資料を多数紹介しながら、高度成長をマクロ・レベルのみならず、ミクロ・レベルでリアルに再現することに成功している。本書を読み進めるにつれて、読者は知らず知らずのうちに当時の雰囲気、現代風（？）に言うと高度成長の「空気」のようなものを感じ取ることができるに違いない。

さて、ここで少し著者の学問的な背景についても触れておきたい。吉川氏はケインズ経済学の大家としてつとに有名である。学部時代に東京大学の宇沢弘文教授、大学院時代には米イェール大学のジェームズ・トービン教授と、日米を代表するケインズ経済学者に師事しており、自身もケインズ経済学の視点からもっぱら研究を行ってきた。ケインズ経済学に代わって七〇年代から（アカデミアにおいて）マクロ経済理論の主流となった「新しい古典派」と呼ばれる考え方に対しては、一貫して否定的な立場をとっている。特に、新しい古典派の躍進の原動力となったリアル・ビジネス・サイクル〔実物景気循環〕理論に対しては辛辣で、私自身もゼミや講義で何度も「ナンセンスだ！」という吉川氏の力強い批判を耳にした。

マクロ経済理論についてご存じでない方も多いと思うので、簡単に解説を加えておこう。ケインズ経済学の生みの親であるケインズは、マクロ経済現象の理解には、需要と供給に代表される従来の経済分析とは異なる、マクロ固有の考え方が必要であることを訴え、新たにマクロ経済学という分野を確立した。一方で、新しい古典派あるいはリアル・ビジネス・サイクル理論は、マクロ経済の動きを背後で担っているミクロ・レベルでの経済主体の意思決定を重視する。結果として、現代のマクロ経済学では、個々の経済主体の最適化行動に基づいた〔マクロ経済〕モデルの「ミクロ的基礎付け」が欠かせないものとなっている。吉川氏は、理論的に一見すると華やかなミクロ的な基礎付けが抱える脆弱さや、このアプローチの台頭によって現実の描写が蔑ろにされる弊害について、数十年にわたって警鐘を鳴らし続けてきた。蛇足ではあるが、リーマンショック以降、こうした立場をとる俄かケインズ経済学者が急増したのは周知の通りである。

ここでは紙幅も限られており、私自身もマクロ経済学の専門家ではないので、こうしたミクロ的基礎付けの是非については立ち入らない。ただ、ミクロ・レベルでの経済の動きをリアルに再現し、マクロ・レベルの経済分析と見事に融合させる、という匠の業を本書で披露することによって、ひょっとすると著者はリアル・ビジネス・サイクル理論が捉え損なっているリアルな側面や、ミクロ的基礎付けが描写に失敗しているミクロの動きを、逆に浮き彫りにしてみせたのではないだろうか。そう思わず深読みしたくなるほど、本書では鮮やかに高度成長の雰囲気が描かれている。

ぜひ本書を通じて、一人でも多くの読者の方（特に若い世代のみなさん）に、日本を根本から変えた高度成長の空気を感じ取ってもらいたい。バブル崩壊以降、ずーーーーっと閉塞感に包まれているこの国を浮上されるヒントが隠されているかも⁉

（政策研究大学院大学助教授）

pp.207-235
小椋正立・鈴木玲子「わが国戦後期（一九五〇年から一九六五年）における乳児死亡率の低下」、 総合研究開発機構 『日米医療システムの比較研究（上）』（1993）所収
根岸龍雄・内藤雅子 「現状とその背景からみた21世紀の医療制度」、宇沢弘文編『医療の経済学的分析』（日本評論社、1987）所収

また「公害」については、新聞各紙報道記事のほか次の本を参照した。

原田正純『水俣病』（岩波新書、1972）
NHKスペシャル取材班『戦後50年その時日本は　第3巻　チッソ・水俣～工場技術者たちの告白』（NHK出版、1995）

〈おわりに――経済成長とは何だろうか〉

日本のGNPの長期系列に興味がある読者は、

大川一司・高松信清・山本有造『長期経済統計1　国民所得』（東洋経済新報社、1974）

を参照されたい。

本文で述べたとおり

W・W・ロストウ（木村健康ほか訳）『経済成長の諸段階　一つの非共産主義宣言（増補版）』（ダイヤモンド社、1974）〔原著初版、1960〕

は代表的な近代化論である。そうした近代化論、「進歩史観」に対する安易な批判はたくさん存在するが、近代化論にはあなどり難い力がある。本格的な批判を期待する読者には、

村上泰亮 『反古典の政治経済学（上）――進歩史観の黄昏』（中央公論社、1992）

をぜひ読んでいただきたい。

〈第六章　右と左〉

高度成長期の政治について、分かりやすく説得力のある説明は、本書でも引用した、

升味準之輔『現代政治　一九五五年以後』上、下（東京大学出版会、1985）

石川真澄『データ戦後政治史』（岩波新書、1984）

にある。

「進歩的」な立場を代表する二つの雑誌『世界』と『朝日ジャーナル』（1992年廃刊）に掲載された重要な論稿は、それぞれ

『「世界」主要論文選　1946～1995――戦後50年の現実と日本の選択』（岩波書店、1995）

『朝日ジャーナルの時代・1959→1992』（朝日新聞社、1993）

に集められている。

「所得倍増論」のチーフ・アーキテクトであった下村治の代表作が幸い復刊された。

下村治『日本経済成長論』（中公クラシックス、中央公論新社、2009年）

また下村の評伝も出版された。

上久保敏『下村治――「日本経済学」の実践者』（日本経済評論社、2008）

田中角栄『日本列島改造論』（日本工業新聞社、1972）

は高度成長最後の記念碑的記録である。

〈第七章　成長の光と影――寿命と公害〉

「寿命の延び」については、次の三つの論文に依拠した。

Johanson, S.R., and C.Mosk, “Exposure, Resistance and Life Expectancy:Disease and Death during the Economic Development of Japan, 1900-1960,” *Population Studies*, 41, 1987,

岡崎哲二『工業化の軌跡——経済大国前史』（第4章）（読売新聞社、1997）

と両書にある参考文献を参照されたい。

高度成長に関するスタンダードな文献としては、

中村隆英『日本経済　その成長と構造』第3版（とくに第6章）（東京大学出版会、1993）

安場保吉・猪木武徳編『高度成長』〈日本経済史8〉（岩波書店、1989）

香西泰『高度成長の時代　現代日本経済史ノート』（日本評論社、1981）

がまず読まれるべきである。専門的な論文集として、

小宮隆太郎編『戦後日本の経済成長』（岩波書店、1963）

もある。

「人口移動／世帯増／国内需要の成長」を高度成長のプロセスの中心に置く本書の立場を詳しく知りたい方は、

吉川洋『日本経済とマクロ経済学』（東洋経済新報社、1992）

を参照していただければ幸いである。オイル・ショックが高度成長終焉の原因とは考え難いという点については、専門的になるがこの本の第二章に詳しく書かれている。

輸出の役割を強調する代表的な文献は、

篠原三代平「360円レートへの仮説」（『季刊理論経済学』1974年4月号）、『日本経済研究篠原三代平著作集3　世界経済と日本』（筑摩書房、1987）所収

である。本書とは立場を異にするが、多くの鋭い洞察を含むこの論文は、高度成長期の日本経済についての基本的な文献である。

このほか

高橋亀吉『戦後日本経済躍進の根本要因』（日本経済新聞社、1975）

は天才的な在野エコノミストによる卓見に富む書物である。

〈第四章　民族大移動〉

高度成長期に変貌した労働市場については、専門書になるが、

梅村又次『戦後日本の労働力——測定と変動』（岩波書店、1964）

梅村又次『労働力の構造と雇用問題』（岩波書店、1971）

小野旭『日本の労働市場　外部市場の機能と構造』（東洋経済新報社、1981）

がある。

「人余り」から「人不足」経済への転換を本格的に分析したのは、

南亮進『日本経済の転換点——労働の過剰から不足へ』（創文社、1970）

である。

「過密・過疎」と関連して挙げた都市人口ランキングの変遷は、

富永健一『日本の近代化と社会変動』（講談社学術文庫、1990）

から引用した。この本には高度成長期に関する社会学的な分析も含まれている。

二千年間続いてきた日本農業の衰退は、高度成長期に生じた変化の中でも著しい出来事だった。本書で引用した、

並木正吉『農村は変わる』（岩波新書、1960）

は同時代の優れた分析である。農業は今日なお大きな問題を抱えており、「農業問題」を論じた書物は数多く出版されているが、それは高度成長の「後日談」なので、ここでは戦後の歴史をふり返ったものとして

岸康彦『食と農の戦後史』（日本経済新聞社、1996）

を挙げることにとどめたい。

〈第五章　高度成長のメカニズム〉

高度成長の「前史」である戦後の混乱期については、

香西泰・寺西重郎編『戦後日本の経済改革』（東京大学出版会、1993）

有澤廣巳監修『日本産業百年史・下　復興から高度成長まで』（日経文庫、1967）
米川伸一・下川浩一・山崎広明編『戦後日本経営史』Ⅰ、Ⅱ、Ⅲ（東洋経済新報社、1990～91）

などがある。

盛田昭夫『MADE IN JAPAN　わが体験的国際戦略』（朝日新聞社、1987）

は、非凡な経営者による生き生きとした回想である。

鉄鋼業におけるLD転炉導入の顚末については、

L・H・リン（遠田雄志訳）『イノベーションの本質　鉄鋼技術導入のプロセスの日米比較』（東洋経済新報社、1986）

を参照した。また高度成長期を象徴する産業の一つであった石油化学産業については、

渡辺徳二・佐伯康治『転機に立つ石油化学工業』（岩波新書、1984）

に依拠した。

労使関係・労働運動の歴史については、

神代和欣・連合総合生活開発研究所『戦後50年　産業・雇用・労働史』（日本労働研究機構、1995）

がよくまとまっており、豊富な文献を挙げている。なお、高度成長期の「労働エートス」については、「日本的経営」の代表的な研究者による次の本がある。

間宏　『経済大国を作り上げた思想――高度経済成長期の労働エートス』（文眞堂、1996）

今日的な問題でもある「流通革命」については、

林周二『流通革命――製品・経路および消費者』（中公新書、1962　増訂版1977）

が先見性にあふれる鋭い分析を行っている。

高度成長期を考える会編『高度成長と日本人』全三冊――Part1、誕生から死までの物語、Part2、家族の生活の物語、Part3、列島の営みと風景（日本エディタースクール出版部、1985～86）

山崎正和『おんりい・いえすたでい　'60s』（文藝春秋、1977　文春文庫版、1985）

南博・社会心理研究所『昭和文化　続　一九四五～一九八九』（勁草書房、1990）

家庭総合研究会編『昭和家庭史年表』（河出書房新社、1990）

色川大吉『昭和史世相篇』（小学館、1990）

天野正子・桜井厚『「モノと女」の戦後史』（有信堂高文社、1992）

石毛直道編『昭和の世相史』（ドメス出版、1993）

間宏編著『高度経済成長下の生活世界』（文眞堂、1994）

このほか政府刊行物である

経済企画庁『国民生活白書』（各年）

は基礎的な資料・統計を多く掲載している。

東京の変化についての基礎的文献としては、

東京百年史編集委員会編『東京百年史　第六巻』（東京都、1972）

があり、本書でも適宜参照した。

第二章の最後にふれた「中国の高度成長」について興味をもたれた方は、中国についてカバーしている時期はやや古くなっているが、

吉川洋「日本の高度成長（一九五五～七〇）と中国の経済成長」、総合研究開発機構編　『中国経済改革の新展開』（NTT出版、1996）

を参照していただければ幸いである。

〈第三章　技術革新と企業経営〉

高度成長期の企業経営・技術革新については、

ものとしては、

木村伊兵衛（田沼武能編／加太こうじ文）『木村伊兵衛の昭和』（筑摩書房、1990）

竹内啓一編著『日本人のふるさと――高度成長以前の原風景』（岩波書店、1995）

を挙げたい。また高度成長がスタートした当時の東京については、

川本三郎編／田沼武能写真　『昭和30年東京ベルエポック』（岩波書店、1992）

がある。この本は、「ベルエポック」「小春日和」と形容された1950年代の東京を回想したものである。

須藤功編『写真でみる日本生活図引』全5冊――（一）たがやす、（二）とる・はこぶ、（三）あきなう、（四）すまう、（五）つどう　（弘文堂、1994）

須藤功『写真ものがたり昭和の暮らし』全5冊――（1）農村、（2）山村、（3）漁村と島、（4）都市と町、（5）川と湖沼　（農村漁村文化協会、2004 ～ 05）

は、農山漁村・地方小都市における高度成長以前の生活文化を記録・解説したものである。多数の写真を掲載しており、しかも写真の中に写っている今は失われたモノ・習慣などを詳しく解説している。本文で述べたように、今の若い人たちには「蚊帳」についてこの本のような説明がいるだろう。

本書でも引用した、

反町茂雄『一古書肆の思い出3』（平凡社、1988）

は、著名な古書店主による興味深い回想である。

〈第二章　テレビがきた！〉

高度成長期における人々の生活の変化について、著者が知りえた本を順不同で挙げることにする。

中村隆英　『昭和史Ⅱ　一九四五～一九八九』（東洋経済新報社、1993）

を薦めたい。

外国――といってもアメリカ――が戦後の日本をどうみているか、ということを知るための良書として

Andrew Gordon, ed., *Postwar Japan as History*, University of California Press, 1993.

がある。

戦後経済史も数多くあるが、優れたエコノミストによる「回想的」経済史として、

金森久雄　『わたしの戦後経済史』（東洋経済新報社、1995）

宮崎勇　『証言・戦後日本経済――政策形成の現場から』（岩波書店、2005）

を推薦したい。このほかにも

有澤廣巳監修　『昭和経済史　中』（日経文庫、1994）

がスタンダードな内容である。

日本経済の動きについての基本的文献は、各年の「経済白書」である。昭和22年第1回から昭和46年第25回までの「白書」の要約として次の本がある。

経済企画庁調査局編『資料・経済白書25年』（日本経済新聞社、1972）

数多くある統計の概略を知りたいときには、

『数字でみる日本の100年』改訂第5版（矢野恒太記念会、2006）

が便利である。この本は「日本国勢図会」の長期統計版であるが、当然高度成長期もカバーしているし、その前後の様子もわかる。

〈第一章　今や昔――高度成長直前の日本〉

高度成長前の都市の姿、高度成長期におけるその変貌を記録した

文献案内

「高度成長」に関する書物、この時代のことを扱った文献は、おびただしい数にのぼる。ここでは本書で引用したもの、著者が参考にしたもの、読者がそれぞれの問題についてさらに深く知る上で参考になると思われるものを中心に、文献の紹介をすることにしたい。

「百聞は一見に如かず」の言葉どおり、時代の様相を最も直接的に知る手段は写真である。

『昭和　二万日の全記録』全19巻（講談社、1981～91）

は、豊富な写真と毎日の記録を組み合わせたユニークなシリーズである。高度成長の時代は、第10巻「テレビ時代の幕あけ」（昭和28年～30年）から第15巻「石油危機を超えて」（昭和47年～50年）まで。

エコノミスト編集部編『証言・高度成長期の日本』上、下（毎日新聞社、1984）

は、高度成長の時代に様々な分野で活躍した人たちの貴重な証言を集めたものである。本書でもいくつか引用させていただいた。同じく「戦後50年」を機に新聞社によって編集された次の本も興味ぶかい証言を数多く収録している。

読売新聞編集局「戦後史班」『戦後50年にっぽんの軌跡』上、下（読売新聞社、1995）

産経新聞「戦後史開封」取材班編『戦後史開封』1、2、3（産経新聞ニュースサービス、1995～96）

「高度成長期」を含む戦後の通史としては、

正村公宏『戦後史　上』（筑摩書房、1985）

3.5	神戸銀行、太陽銀行の合併契約調印（10.1 太陽神戸銀行発足）
6.11	東京都調査で東京湾魚介類のPCB汚染がわかる
7.6	生活関連物資の買い占めおよび売り惜しみに対する規制法（投機防止法）公布
7.25	資源エネルギー庁設置
10.5	公害健康被害補償法公布
10.6	第4次中東戦争始まる
10.17	アラブ石油輸出国機構がイスラエル支持国向け原油生産削減決定
10.23	エクソン、シェル、原油価格30%引き上げ（オイル・ショック）
11.2	トイレットペーパー、洗剤など買いだめ騒動始まる
11.9	電気事業連合会が10%節電要請（ネオン消灯、省エネ）
11.16	石油緊急対策要綱を閣議決定、内閣に石油対策推進本部を設置
12.22	石油需給適正化法・国民生活安定緊急措置法公布
この年	上尾駅占拠事件、ドバイ事件、金大中事件、大洋デパート火災、 杉並ゴミ戦争、〈狂乱物価〉『神田川』『学生街の喫茶店』 経済白書「インフレなき福祉をめざして」

1974年（昭和49）

2.1	医療費19%引き上げ（10.1 さらに16%引き上げ）
2.5	公取委、石油連盟と元売り12社に生産割当・価格協定の破棄を勧告
2.25	衆院予算委物価集中審議（悪徳商法、便乗値上げなど追及）
4.20	日中航空協定に調印
6.25	国土利用計画法公布（6.26 国土庁設置）
6.1	電力料金、産業用74%、家庭用29%値上げ
10.1	コメ、交通・郵便料金など一斉値上げ
10.3	通産省、石油備蓄増強5カ年計画大綱を発表
12.9	三木内閣成立
12.17	経済対策閣僚会議で低成長路線を確認
この年	朴大統領狙撃事件、連続企業爆破事件、水島原油流出事故、 小野田寛郎元少尉帰国、米ウォーターゲート事件、 東京都人口戦後初の減少、住宅地全国平均地価初めて下落、 実質経済成長率-1.4%（戦後初のマイナス成長） 経済白書「成長経済を超えて」

9.14	中央公害対策審議会発足（12.27　空港騒音について答申）
9.28	美濃部東京都知事が「ごみ戦争」宣言
10.15	日米繊維交渉妥結（1972.1.3 日米繊維協定調印）
10.25	国連総会で中国加盟・国民政府追放を可決
12.19	円切り上げ、基準為替相場1ドル＝308円に
この年	成田闘争、沖縄闘争、ネズミ講事件、ばんだい号事故、雫石事故、川崎がけ崩れ実験事故、日比谷松本楼焼き打ち、新宿ツリー爆弾事件　『知床旅情』『わたしの城下町』 天皇訪欧、NHK総合テレビ全カラー化、 日本マクドナルド1号店、日清食品「カップヌードル」発売 経済白書「内外均衡達成への道」

1972年（昭和47）　日中国交回復

2.3	冬季オリンピック札幌大会開幕（～2.13）
3.15	山陽新幹線新大阪―岡山間開通
5.15	沖縄の施政権返還
5.26	初の環境白書
6.11	田中角栄通産相が「日本列島改造論」を発表
6.16	工業再配置促進法公布
6.22	自然環境保全法公布、大気汚染防止法・水質汚濁防止法、各改正公布
6.23	老人福祉法改正公布（70歳以上の医療を無料化）
6.23	英ポンド、変動相場制に移行（6.24　ポンド・ショック株価暴落）
7.7	第1次田中内閣成立
7.24	四日市公害訴訟で企業の共同不法行為を認める津地裁判決（確定）
8.7	日本列島改造問題懇談会初会合
9.6	東京・神奈川・千葉3都県が「東京湾は死の海」と発表
10.3	中央公害対策審議会、自動車排気ガス規制を答申
11.24	海外渡航者の外貨持ち出し制限撤廃
12.21	内海魚から高濃度のPCB検出
この年	連合赤軍浅間山荘事件、大阪千日前ビル火災、テルアビブ空港乱射事件、ニューデリー日航機墜落、モスクワ日航機墜落、北陸トンネル火災、電卓「カシオミニ」発売、パンダ・ブーム 経済白書「新しい福祉社会の建設」

1973年（昭和48）　ベトナム和平

1.26	土地対策要綱を閣議決定（新土地税制、大規模取引届出制）
2.12	米ドル10％切り下げ決定（2.14 円、変動相場制に移行）

2.11	東大宇宙航空研究所、初の国産人工衛星「おおすみ」打ち上げ
2.16	国鉄、財政再建10カ年計画を提出（マル生運動）
3.14	大阪で日本万国博覧会開幕（～9.13）
4.19	日中覚書貿易協定に調印
4.24	過疎地域対策緊急措置法公布
5.7	沖縄住民の国政参加特別措置法公布（11.15 国政選挙）
5.18	全国新幹線鉄道整備法公布、ハイジャック防止法公布
5.20	本州四国連絡橋公団設置法公布
6.1	公害紛争処理法公布（7.31 中央公害対策本部設置）
6.23	日米安保条約自動延長
7.18	東京・杉並で光化学スモッグ第1号
8.2	東京の銀座・新宿・池袋、浅草で休日歩行者天国スタート
8.11	田子の浦ヘドロ公害に緊急対策を決定
11.3	米財務省、日本製テレビをダンピング認定
12.25	公害犯罪処罰法・水質汚濁防止法など公害関係14法公布
この年	よど号ハイジャック事件、大阪地下鉄工事ガス爆発事故、三島事件、いざなぎ景気終わる（7月） 経済白書「日本経済の新しい次元」

1971年（昭和46）　ドル・ショック

1.13	鉄道建設審議会、東北・上越・成田新幹線の建設を答申
1.20	鹿島石油化学コンビナート完工式
2.22	成田空港用地の強制代執行で反対派と機動隊衝突
3.8	繊維産業連盟が対米輸出自主規制を宣言
3.25	第一銀行と日本勧業銀行の合併契約調印（10.1　第一勧業銀行発足）
3.26	東京電力福島原子力発電所運転開始
3.26	多摩ニュータウン入居開始
5.12	三菱自動車工業への米クライスラー社の資本参加契約調印
6.1	勤労者財産形成促進法公布（財形貯蓄）
6.5	京王プラザホテル開業（新宿副都心の超高層ビル第1号）
6.17	沖縄返還協定調印
7.1	環境庁設置
7.15	ニクソン訪中発表（第1次ニクソン・ショック）
8.15	米、金・ドル交換停止発表（第2次ニクソン・ショック）
8.28	円、暫定的に変動為替相場制を採用

1.26	日米貿易経済合同委員会開催（ハワイ）、ドル防衛に合意
4.12	霞が関ビル完成（初の超高層ビル）
5.	パンティストッキング（厚木ナイロン）、ボンカレー（大塚食品）発売
6.10	大気汚染防止法・騒音規制法公布
6.16	都市計画法公布
7.1	郵便番号制・交通反則切符制実施
9.26	厚生省、熊本水俣病・新潟水俣病を公害病と認定
10.23	明治百年記念式典
この年	東大紛争、金嬉老事件、十勝沖地震、日通事件、飛騨川バス事故、 国際反戦デー新宿騒乱事件、連続射殺事件、府中3億円事件、 プエブロ号事件、ソンミ事件、R・ケネディ暗殺 大型企業合併相次ぐ（三井東圧化学、日商岩井、川崎重工業など） GNP世界2位となる　『恋の季節』『星影のワルツ』 経済白書「国際化のなかの日本経済」

1969年（昭和44）　アポロ11号月面着陸

3.6	八幡製鉄と富士製鉄が合併契約に調印（1970.3.31 新日本製鉄発足）
3.	警視庁、交通戦争非常事態宣言
5.12	米商務長官、繊維の対米輸出自主規制を申し入れ（日米経済摩擦）
5.23	初の公害白書
5.26	東名高速道路全線開通、名神と接続
5.27	新全国総合開発計画を決定
6.3	都市再開発法公布
6.12	日本初の原子力船「むつ」進水
6.14	水俣病患者、チッソに損害賠償を求め提訴
6.23	地価公示法公布、宇宙開発事業団設置法公布
7.2	東京都公害防止条例公布
9.2	物価安定政策会議総合部会初会合、経済成長より物価抑制優先で一致
9.29	農政審議会、減反など総合農業政策を答申
10.1	ユニチカ発足（ニチボーと日本レイヨンが合併）
10.29	ソニーと松下電器産業が別規格のビデオテープレコーダー開発を発表
11.21	佐藤・ニクソン共同声明（1972年沖縄返還決定、日本の核政策尊重）
この年	安田講堂封鎖解除、沖縄デー反戦デモ、新宿西口フォーク集会 経済白書「豊かさへの挑戦」

1970年（昭和45）

2.3	政府、核拡散防止条約に調印

1966年（昭和41）	文化大革命
1.21	日ソ航空協定に調印
4.1	交通安全施設等整備事業緊急措置法公布
4.26	戦後最大の公労協・交運共闘統一交通スト
4.26	IOC、1972年冬季オリンピックの札幌開催を決定
6.25	国民祝日法改正公布（建国記念日、敬老の日、体育の日）
7.4	新東京国際空港の建設地を成田市三里塚に閣議決定
8.1	日産自動車とプリンス自動車が合併（自動車産業の再編始まる）
10.15	トヨタと日野自動車工業が業務提携
10.21	総評54単産、ベトナム反戦統一スト
11.24	アジア開発銀行設立
この年	全日空機羽田沖事故、カナダ航空機事故、BOAC機事故、 ビートルズ来日（エレキブーム）、〈交通戦争〉 経済白書「持続的成長への道」

1967年（昭和42）	
3.13	経済社会発展計画を閣議決定
4.5	イタイイタイ病の原因が三井金属神岡鉱業所廃水と特定
4.15	東京都知事に社会・共産推薦の美濃部亮吉当選
4.21	佐藤首相、衆院決算委で武器禁輸3原則を言明
6.6	資本取引自由化の基本方針を閣議決定（7.1 関係法令施行）
6.10	東京教育大評議会が筑波研究学園都市への移転を決定
6.12	新潟水俣病患者、昭和電工に損害賠償を求め提訴開始
6.30	ケネディ・ラウンド（関税一括引き下げ交渉）最終議定書調印
7.20	動力炉・核燃料開発事業団設置
8.1	富士製鉄、東海製鉄を合併
8.3	公害対策基本法公布
9.1	四日市ぜんそく患者、石油コンビナート6社を相手に公害訴訟提起
9.28	国鉄上越線新清水トンネル開通、全線電化完成
12.9	都電銀座線など8路線廃止
この年	共和製糖事件、新宿駅米軍タンク車衝突炎上、羽越水害、 自動車保有1000万台突破、テレビ受信契約者2000万人突破、 ミニスカート、ゴーゴー喫茶流行 『ブルーシャトー』 経済白書「能率と福祉の向上」

1968年（昭和43）	ソ連軍チェコ侵入
1.19	米原子力空母エンタープライズ、佐世保入港

1964年（昭和39）	東京オリンピック
2.29	日本鉄道建設公団法公布
4.1	IMF8条国に移行（円、交換可能通貨に）、海外旅行自由化
4.28	日本、OECDに加盟
5.16	国際金属労連日本協議会結成
6.1	三菱重工業発足（新三菱重工業・三菱日本重工業・三菱造船が合併）
6.19	太平洋横断日米海底ケーブル開通
7.3	工業整備特別地域整備促進法公布
7.9	住宅地造成事業法公布
7.25	国鉄山陽本線全線電化完成
8.6	東京で水不足深刻化、1日15時間断水の給水制限
9.17	東京モノレール開業
9.29	臨時行政調査会、16項目の答申を提出
10.1	東海道新幹線開業（東京—新大阪間4時間）
10.10	東京オリンピック開幕（～ 10.24）
10.25	池田首相、辞意表明
11.9	第1次佐藤内閣成立
11.12	米原子力潜水艦シードラゴン、佐世保入港
12.	日本特殊鋼、サンウェーブ工業、会社更生法適用を申請
この年	ライシャワー大使刺傷、昭和電工川崎工場爆発、新潟地震 経済白書「開放体制下の日本経済」

1965年（昭和40）	米北爆開始
1.22	中期経済計画を閣議決定（所得倍増計画のひずみ是正＝1966.1廃止）
2.14	東京都区内と都道府県庁所在地間のダイヤル即時通話網完成
3.6	山陽特殊製鋼倒産、戦後最大の負債 480億円
5.28	田中角栄蔵相、山一証券への日銀特別融資を発表
6.1	公害防止事業団法公布
6.2	新東京国際空港公団法公布
6.12	植木幸明新潟大教授ら阿賀野川流域の有機水銀中毒発生を発表
7.1	名神高速道路名古屋—西宮間全線開通
11.10	日本原子力発電東海発電所で初の営業用発電に成功
11.19	戦後初の赤字国債2590億円の発行を閣議決定
この年	都議会汚職、北炭夕張鉱事故、「べ平連」デモ、 夢の島でハエ大量発生、いざなぎ景気始まる（11月） 経済白書「安定成長の課題」

4.4	建物の区分所有法公布
5.10	新産業都市建設促進法公布
5.11	石油業法公布、石炭鉱業調査団設置（10.13 答申）
6.2	ばい煙排出規制法公布
8.16	地方産業開発審議会、工業開発拠点71地区を決定
9.12	原研の国産1号原子炉「JRR-3」臨界実験成功
9.29	富士ゼロックスが国産初の電子複写機を完成
10.1	貿易自由化 230品目で実施（自由化率88%に）
10.5	全国総合開発計画を閣議決定
11.9	日中総合貿易に関する覚書に調印（LT貿易）
12.18	日本航空機製造、国産旅客機YS11の完成披露式
この年	海員組合スト、三河島駅事故、恵庭事件、堀江謙一太平洋横断、東京のスモッグ、西独のサリドマイド禍、大都市の住宅難が問題化、ツイスト流行　『王将』『可愛いベイビー』 奥只見ダム完成、北陸本線北陸トンネル開通、若戸大橋開通 経済白書「景気循環の変貌」（日本経済の転換期）

1963年（昭和38）

2.10	北九州市発足（5市合併）
4.25	大阪駅前に初の横断歩道橋完成
6.5	関西電力の黒部第4発電所（黒四ダム）完成
7.11	新住宅市街地開発法公布、老人福祉法公布
7.12	新産業都市に13市、工業整備特別地区に6カ所を指定
7.15	名神高速道路尼崎—栗東間開通
7.16	建築基準法改正公布（高さ制限緩和）
7.18	ケネディ大統領、国際収支教書を発表（東証株価暴落）
9.9	経企庁長官の諮問機関・物価問題懇談会が初会合
9.14	新三菱重工業、MU-2機の初飛行に成功
10.26	東海村の原子力研究所で原子力発電に成功
11.1	新千円札発行（伊藤博文）
11.23	日米テレビ宇宙中継実験に成功、ケネディ暗殺を中継
11.29	産業構造審議会、官民協調方式・国際競争力強化の答申
この年	北陸豪雪、吉展ちゃん事件、狭山事件、鶴見事故、三池三川鉱事故、火力発電が水力を超す、兼業農家4割超す　『こんにちは赤ちゃん』 経済白書「先進国への道」

7.19	中労委、三池争議に斡旋申し入れ（9.6 炭労、斡旋案受諾）
7.25	東海道幹線自動車国道建設法公布（1965.4 東名高速道路着工）
8.	大和ハウス、プレハブ住宅の試作完成
9.1	石炭鉱業合理化事業団発足
9.5	自民党、高度成長・所得倍増を掲げた新政策を発表
9.10	NHK、日本テレビなどカラーテレビ本放送開始
11.1	経済審議会、国民所得倍増計画を答申（経済成長率年平均7.9%）
11.1	三池争議解決
11.12	三井化学・三菱油化に伊社のポリプロピレン技術導入を認可
12.8	第2次池田内閣成立（12.27「国民所得倍増計画」を閣議決定）
この年	王子製紙争議、チリ津波、ハガチー事件、浅沼委員長刺殺 東京の昼間人口1000万人突破・東京の電話番号3ケタに、 電気冷蔵庫普及（三種の神器）『潮来笠』『有難や節』 経済白書「日本経済の成長力と競争力」（投資が投資をよぶ）

1961年（昭和36）

1.24	キヤノン、「キャノネット」発売（EEカメラ普及）
4.1	国民皆年金・皆保険制度スタート
4.12	ソ連のガガーリン少佐、「ヴォストーク1号」で初の宇宙飛行
6.12	農業基本法公布
6.12	本田技研チーム、英マン島レース125cc,250cc両クラスで優勝
7.1	割賦販売法公布
9.30	愛知用水完工、通水式（10.24 御母衣ダム完成）
11.2	第1回日米貿易経済合同委員会開催（箱根）
11.13	水資源開発促進法・水資源開発公団法、産炭地域振興臨時措置法公布
11.14	徳山（出光興産）・水島（三菱化成）のコンビナート認可方針を決定
この年	新島試射場反対闘争、嶋中事件、上清炭坑火災、第2室戸台風、 三無事件　『上を向いて歩こう』『スーダラ節』 農林業就業者が30%割る、「アンネナプキン」発売 岩戸景気終わる（12月）　経済白書「成長経済の課題」

1962年（昭和37）　キューバ危機

2.1	東京の推計常住人口1000万人突破（世界初の1000万人都市となる）
2.2	米国と相互関税引き下げ協定に調印
2.27	日本電気、国産初の大型電子計算機NEAC2206を発表
3.1	テレビ受信契約者、1000万人を突破
3.29	阪神高速道路公団法公布

この年 南海丸沈没、炭労スト、阿蘇山爆発、勤評闘争、狩野川台風、
ロカビリー旋風、『月光仮面』放映、テレビ受信契約100万突破、
岩戸景気始まる（7月） 経済白書「景気循環の復活」

1959年（昭和34） キューバ革命

2.17	日本政府、米国で戦後初の外債公募
3.28	社会党・総評など安保改定阻止国民会議結成
3.	三菱油化四日市工場第1期工事完成（石油化学コンビナート）
3.	三井三池鉱など合理化案をめぐり連続スト
4.10	皇太子ご成婚・パレード（テレビ中継人気）
4.14	首都高速道路公団法公布
4.15	最低賃金法公布
4.16	国民年金法公布
5.26	IOC総会で1964年オリンピックの東京開催決定
7.22	熊本大研究班が水俣病の原因は新日本窒素排水の有機水銀と発表
8.1	日産ブルーバード発売（マイ・カー時代始まる）
9.1	八幡製鉄戸畑工場で日本最大の1500トン高炉始動
9.11	大蔵省、ドル為替自由化実施
11.2	水俣病に抗議の漁民が新日本窒素工場で警官と衝突
11.11	政府が180品目の貿易自由化を決定
12.11	三井鉱山、三池鉱で指名解雇通告（三池争議始まる）

この年 伊勢湾台風、カミナリ族登場、
ミス・ユニバースに児島明子 『黒い花びら』
経済白書「速やかな景気回復と今後の課題」

1960年（昭和35） 安保・三池闘争

1.12	貿易為替自由化促進閣僚会議、3年間で自由化達成の根本方針決定
1.19	新日米安保条約・行政協定に調印
1.25	三井三池鉱で全山ロックアウト、労組無期限スト突入
2.8	渡航外貨の制限緩和、雑送金自由化を実施
3.31	じん肺法公布
5.19	自民党の新安保条約強行採決で国会混乱
6.1	外国為替管理令改正公布（資本取引を自由化）
6.15	安保阻止デモ国会突入、樺美智子死亡
6.25	道路交通法公布
7.19	第1次池田内閣成立

この年	売春防止法公布　『若いお巡りさん』、〈太陽族〉、 スターリン批判、ポズナニ暴動、スエズ戦争 経済白書「日本経済の成長と近代化」（もはや戦後ではない）

1957年（昭和32）　スプートニク1号

1.22	東洋レーヨン・帝国人造絹糸に英社のテトロン技術導入認可
2.25	第1次岸内閣成立（5.3 汚職・貧乏・暴力の三悪追放を言明）
4.1	国立工業高等専門学校設置
4.16	国土開発縦貫自動車道建設法公布
6.9	小河内ダム放水開始（東京都の水がめ誕生）
8.27	茨城・東海村の原研・原子炉1号炉に「原子の火」ともる
9.23	大阪に「主婦の店ダイエー」1号店開店
11.5	文部省、科学技術者養成拡充計画発表（理工系学生増員）
12.11	百円硬貨発行
12.28	NHKと日本テレビがカラー実験放送開始
12.	東京湾「夢の島」のゴミ埋め立て始まる
この年	ジラード事件、砂川事件　『有楽町で逢いましょう』『ケセラセラ』 神武景気終わる（6月）　経済白書「早すぎた拡大とその反省」（なべ底不況）

1958年（昭和33）

1.	富士重工、国産初のジェット練習機T1初飛行に成功
2.5	アラビア石油（株）設立
2.26	日中鉄鋼協定設立
3.3	富士重工、軽乗用車「スバル 360」発表
3.9	関門国道トンネル開通
3.31	道路整備緊急措置法公布（揮発油税を充当）
7.23	通産省、基幹産業設備の拡大による国内需要喚起案を決定
7.25	日本貿易振興会（JETRO）設立
8.25	日清食品「チキンラーメン」発売（初のインスタント・ラーメン）
10.8	警察官職務執行法改正案提出（反対激化、11.22 審議未了）
11.1	東海道線電車特急「こだま」運転開始（東京―大阪間6時間50分）
11.27	皇太子妃に正田美智子さん決定（ミッチー・ブーム）
12.1	一万円札発行
12.23	東京タワー完成
12.27	国民健康保険法改正公布

3.	日本生産性本部設立（総評は参加拒否）
4.1	富士重工業が富士工業など5社を合併（旧中島飛行機系6社合同）
5.20	米からの濃縮ウラン貸与受け入れを閣議決定
5.31	日米余剰農産物買い付け協定調印
7.13	通産省、石油化学工業育成対策を発表（5カ年計画）
7.20	経済企画庁発足
7.25	日本住宅公団発足
7.29	自動車賠償責任保険開始
8.7	東京通信工業、初のトランジスタ・ラジオを発売
8.10	石炭鉱業合理化臨時措置法公布
9.10	関税および貿易に関する一般協定（GATT）に加盟
10.13	社会党統一大会
11.14	日米原子力協定に調印
11.15	自由民主党結成（保守合同）
11.	理研光学工業、リコピー 101 型の量産開始
12.19	原子力基本法・原子力委員会設置法公布
この年	砂川闘争、北富士演習場闘争、紫雲丸事故、森永砒素ミルク事件、電気釜発売、家庭電化時代 経済白書「前進への道」

1956年（昭和31）	ハンガリー事件
2.19	『週刊新潮』創刊（初の出版社系週刊誌＝週刊誌ブーム）
3.19	公団住宅最初の入居募集（5.1 千葉稲毛団地で入居開始）
4.16	日本道路公団発足
4.21	新日本窒素水俣工場付属病院で異常中枢神経患者（水俣病）を確認
4.26	首都圏整備法公布
5.4	原子力3法公布（原子力研究所・原子燃料公社設立）
5.9	フィリピンと賠償協定・経済開発借款交換公文調印
5.14	日ソ漁業協定調印
5.19	科学技術庁発足
6.15	機械工業振興臨時措置法公布
10.19	日ソ国交回復に関する共同宣言に調印
11.19	東海道線全線電化完成（米原―京都間電化）
12.18	国連総会で日本の加盟可決

1952年（昭和27）	対日平和条約発効
1.16	電源開発5か年計画発表（7.31　電源開発促進法公布）
3.14	企業合理化促進法公布
3.	本田技研工業、エンジン付き自転車「カブ」発売
4.28	対日平和条約発効（GHQ廃止、外貨管理権を完全回復）
5.7	財閥商号使用禁止などの政令廃止（三菱銀行、住友銀行など復活）
5.29	国際通貨基金・世界銀行、日本の加盟を承認
6.	道路整備特別措置法・改正道路法公布
12.23	日産自動車に英オースチンの技術導入認可
この年	もく星号事故、メーデー事件、吹田事件、ナイロンブラウス（スケスケルック）流行、パチンコ・ブーム 白井義男世界チャンピオンに　『リンゴ追分』『テネシー・ワルツ』 経済白書「独立日本の経済力」

1953年（昭和28）	朝鮮休戦協定
2.1	NHK、テレビ本放送開始（東京地区）
3.23	興安丸・高砂丸で中国から帰国第1陣（12. ソ連から帰還開始）
6.26	対日MSA援助に関する日米交換公文発表
7.1	国際民間航空機構（ICAO）、日本の加盟を承認
8.28	日本テレビ、初の民間テレビ放送開始（街頭テレビ人気）
8.	三洋電機、初の噴流式電気洗濯機を発売
10.13	電源開発調整審議会、電力5カ年計画を決定
この年	内灘射爆場闘争、ディオール旋風、スーパーマーケット登場、ジャズ流行 経済白書「自立経済達成の諸条件」

1954年（昭和29）	
1.20	営団丸ノ内線池袋―御茶ノ水間開通（戦後最初の地下鉄開通）
2.2	日本航空の東京―サンフランシスコ線就航（国際定期便第1号）
2.2	東京通信工業に米社のトランジスタ技術導入認可
7.1	防衛庁（陸上・海上・航空自衛隊）発足
12.10	第1次鳩山内閣成立
この年	造船疑獄、洞爺丸事故、学校給食法公布、プロレス・ブーム 神武景気始まる（下期～1957年上期） 経済白書「拡大発展への地固めの時」

1955年（昭和30）	55年体制
1.7	トヨタ自動車工業、トヨペット・クラウンを発表
1.28	私鉄など6単産が賃上げ共闘会議（「春闘」の始まり）

この年	帝銀事件、昭和電工事件、福井地震 『異国の丘』 経済白書「平和経済本格的再建の年」
1949年（昭和24）	**中華人民共和国成立**
3.7	GHQ経済顧問ドッジ公使、経済安定に関し声明（ドッジ・ライン）
4.23	GHQ、1ドル360円の単一為替レートを設定
5.25	通商産業省設置（商工省・貿易庁・石炭庁廃止）
6.1	日本国有鉄道・日本専売公社発足
9.15	GHQ、シャウプ税制使節団第1次勧告の全文発表（シャウプ勧告）
10.28	GHQ、貿易の民間移行を通達（輸出12.1、輸入1950.1.1実施）
この年	下山事件、お年玉つき年賀はがきスタート 『長崎の鐘』 経済白書「経済安定へのきざしと自立の課題」
1950年（昭和25）	**朝鮮戦争**
1.7	千円札発行（聖徳太子）
5.26	国土総合開発法公布
7.1	鉄鋼統制撤廃（鋼材補給金全廃、銑鉄補助金半減）
7.11	日本労働組合総評議会結成
7.	東京通信工業、日本初のテープレコーダー発売
8.24	暴利取締対策を閣議決定（朝鮮特需ブームによる物価上昇を抑制）
10.7	ドッジ再来日（ディスインフレ堅持、政府資金運用制度の改善指示）
10.23	繊維産業に対する生産設備制限全廃
11.10	NHKテレビ実験放送開始
11.11	倉敷レイヨン、ビニロンの量産開始
この年	ジェーン台風、レッドパージ、警察予備隊発足 経済白書「安定計画下の日本経済」
1951年（昭和26）	**マッカーサー離日**
3.31	日本開発銀行法公布（1952.1.16 復興金融金庫解散）
4.5	GHQ、経済行政の権限委譲に関するマーカット書簡を交付
4.12	東洋レーヨンに米デュポン社のナイロン生産技術導入認可
4.12	協和醱酵・明治製菓に米社のストレプトマイシン製造技術導入認可
5.1	電力再編成による9電力会社発足
7.18	神戸工業、米RCA社のテレビ技術を導入（以後38社が契約）
7.31	日本航空（株）設立（10.25 東京─大阪─福岡間運航開始）
9.8	対日平和条約・日米安全保障条約調印（サンフランシスコ）
この年	八海事件、プロレスに力道山登場 経済白書「経済自立達成の諸問題」、平均寿命60歳超す

関連年表

1945年（昭和20）	**終戦**
8.15	終戦の詔勅（戦争による国富被害、8月末価格で約497億円）
9.	GHQ、軍需生産全面停止、生活必需品生産促進、輸出入禁止を指令
11.6	GHQ、財閥解体を指令
11.22	農地改革要綱を閣議決定（12.29 農地調整法改正公布）
12.22	労働組合法公布
この年	『リンゴの唄』
1946年（昭和21）	**公職追放・新憲法公布**
2.17	金融緊急措置令公布（新円発行、旧円預貯金封鎖・通用期限3.2）
3.3	物価統制令公布
5.7	東京通信工業（株）設立（1958.1　ソニー）
5.19	飯米獲得人民大会（食糧メーデー）
8.12	経済安定本部・物価庁を設置
10.8	復興金融金庫法公布（1947.1.25 開業、復金インフレ）
11.12	財産税法公布
12.27	第4四半期物資需給計画決定（石炭・鉄鋼に集中する傾斜生産方式）
この年	ヤミ市、上野駅浮浪児、全炭・電産スト、南海地震　『悲しき竹笛』
1947年（昭和22）	**日本国憲法施行**
1.31	2・1ゼネスト中止命令
2.18	ストライク賠償調査団報告書（自給自足に足る経済を残す）
3.12	トルーマン・ドクトリン「封じ込め政策」発表
4.7	労働基準法公布
10.	トヨタ自動車、トヨペットSA型乗用車の生産開始
12.22	改正民法公布（「家」「家督」制度の廃止）
この年	キャサリン台風　『星の流れに』、『啼くな小鳩よ』〈斜陽族〉 最初の経済白書「経済実相報告書」（財政も企業も家計も赤字）
1948年（昭和23）	**ベルリン封鎖**
5.17	第1回経済復興計画委員会、5カ年計画第1次試案概要提出
5.18	ドレーパー＝ジョンストン調査団報告（賠償大幅緩和、復興促進）
9.23	本田技研工業（株）設立
12.18	GHQ、経済安定9原則を発表

三池争議, 三池闘争……96, 164-166
ミシン……44, 45
ミッチー・ブーム……51
水俣病……201-204, 209
ミニ・スカート……69
美濃部亮吉……181
モータリゼーション…… 44, 57-60, 68, 72
木賃アパート……61
モダン・ライフ……64, 68
盛田昭夫……77, 148

◉や・ら・わ行

八幡製鉄……79, 81, 91, 163
山一証券……176
ヤミ市場……18
輸出……135, 146-151
輸出ドライブ……149
輸送革命……99
輸入……16, 80, 146, 151, 166
輸入技術……142
洋裁ブーム…… 44
吉田茂……159, 161
四日市……205
四日市ぜんそく……205
四大公害……207
ラジオ……37
力道山……50
離職者, 離職率……108, 111, 164
離村率……118, 141
流通革命……99
臨海コンビナート……85, 204
臨時工……89, 106
ルイス, アーサー……115
冷戦……132, 133
冷蔵庫(電気——)……16, 35, 45, 53, 64, 67, 71, 121, 219
労使協調……79, 80, 163, 204
労働運動……163
労働組合(労組)……79, 163, 204
労働時間……82
労働市場……114, 115, 118, 119
労働省……104, 108
労働条件……112
労働生産性……83, 84, 99, 118, 134
労働力……118, 123
ロストウ, ウォルト……217-219

◉アルファベット

BCG……192
IMF(8条国)……69
IC(集積回路)……84
NHK……44, 49, 51
NNW……217
MEW……216
LD転炉……80, 81, 85, 99, 142
GDP……16, 72, 213, 214
GNP……16, 18, 70, 125, 136, 138, 140, 151, 176, 212-217, 220, 221
GNH……216
USスティール……81

トルーマン、ハリー……133

◉な行
ナイロン……45, 78, 134, 142
中西太……50
中山伊知郎……169
夏目漱石……34, 36, 220-222
二キ三スケ……161
ニクソン、リチャード……182
西鉄ライオンズ……50
日銀特融……176
日米安全保障条約　→安保条約
日産自動車……78
日中国交回復……182
日本銀行……146
日本鋼管……81
日本生産性本部……78
日本橋……59
日本列島改造論……182, 184
乳児死亡率……193, 195, 200, 210
「農家経済調査」……28, 56
農業基本法……126
農地改革……17, 19, 22, 23
ノルドハウス, ウィリアム……217

◉は行
ハチ公広場……31, 40
鳩山一郎……159
バブル（——景気, ——崩壊）……156, 212, 227
パン（——食）……44, 66, 67
ハンガリー事件……159
万国博覧会……181
人余り……114, 115
人手不足……114
ファッション……68, 69
封鎖（預金の）……18
不況……133, 149, 175, 212
副都心計画……60
物価……18, 152, 154, 155
復興需要……166
プラスチック……134, 205
ブルー・カラー……89, 106
平均寿命……4, 186, 188, 190-193, 196, 200, 208, 210, 232
平均所得……56, 192, 209
『平凡パンチ』……68
平炉……78, 80, 81, 134
ペニシリン……192
貿易摩擦……143, 149
保守（——勢力, ——政治）……22, 159, 178, 180, 181
細川一……201, 204
本田技研工業……77

◉ま行
マーシャル・プラン……132
マイ・カー……67, 208
マクドナルド……70
マルクス主義……175, 177, 179
マルサス……231
漫画雑誌……39

騒音防止条例……57
総評〔日本労働組合総評議会〕……160, 164
素材産業……121, 134
ソニー……77, 84, 148
ソ連（旧――）……82, 96, 132, 159

◉た行

ダイエー……98
耐久消費財……16, 52, 54, 56, 57, 64, 68, 71, 72, 82, 86, 121, 134-136, 141, 219
第二次世界大戦……192
第二種兼業農家……126
ダイニング・キッチン……61, 62
田中角栄……182, 183
田中正造……200
単身世帯……56, 119, 120, 134
団地……61, 62, 64
地域開発……181, 205
地価……124, 155, 156
チッソ……201-204
茶の間……25
チャブ台……61, 62, 67
中国……29, 40, 71, 72, 182, 186, 218
中小企業……106, 108, 173
中流意識……180
中労委〔中央労働委員会〕……97, 166
超過利潤……74
高層ビル（超――）……35, 60, 61
朝鮮戦争……3, 18, 130, 133, 158, 182
貯蓄（――率）……143-146, 151
賃金……80, 88, 91, 112, 113, 134-136, 155
ツイッギー……69
通産省……204, 207
通信（――革命）……97, 99
都留重人……171, 173
「テイク・オフ」……217, 218
鉄鋼……16, 86, 118, 134, 142
鉄鋼業……80-82, 85, 86, 91, 134
「鉄腕アトム」……39
デュポン社……45, 78, 134
テレビ……37, 38, 45, 49, 50-54, 82, 85, 134, 136, 141
電卓〔電子式卓上計算器〕……84
トイレット・ペーパー買い占め騒ぎ……138
東京オリンピック →オリンピック
東京タワー……52
投資……86, 118, 121, 135, 136, 145, 146, 150
同潤会アパート……31, 61, 62
東洋レーヨン（東レ）……45, 78, 134
トービン, ジェームズ……217
特需……18, 130, 158
都市化……190
途上国……115, 186, 218, 219
土地……22, 59, 123
都庁……60
ドッジ・ライン……133
都電……58
トヨタ自動車……89, 106, 133
トランジスタ・ラジオ……84

社会党……158-161, 163, 164
社会保障制度……196
終身雇用……108, 111
集団就職……105, 106, 111, 220
住民運動……181
首都高速道路公団……59
シュンペーター，ヨーゼフ……74, 99, 229
純輸出……149
上下水道（——普及率）……190, 191, 194
消費革命……68
消費者……48, 152, 154
消費者物価（——指数）……48, 53, 67, 152, 153, 155
消費需要……146
常用雇用（——指数）……141
「職業安定業務統計」…104
食糧管理制度……127
所得……20, 22, 56, 72, 126, 134, 136, 140, 145, 186, 188, 191, 193, 195, 209, 213, 232
所得（の）格差……56, 209
所得水準……194, 195
所得倍増（——計画）……158, 166, 167, 174, 175, 184
初任給……112, 115
ジョンストン・レポート……132
白井義男……50
人員整理……96, 133
新規学卒（——者）……104, 112, 114, 118
人口移動……102, 122, 136, 141, 178, 179
人工衛星スプートニク……92
人口成長率……120, 121
人口動態……22, 23, 232
新日本製鉄……81, 88, 91
神武景気……68
スーパー・マーケット……98
水洗便所……62
スミス，ユージン……204
生活革命……44, 45, 54, 67, 68, 72
生産性……79, 83, 113, 118, 126, 134, 136, 142, 152, 155, 204, 219
製造業……94, 113, 116, 118, 121, 141, 143, 179
石炭から石油へ……94, 96, 99, 164
石油化学（——工業，——産業）……87, 141, 204
設備投資……85, 86, 113, 118, 130, 132-134, 136, 141, 142, 145, 146, 149, 152, 155
セメント……147
繊維産業……135
全学連〔全日本学生自治会総連合〕……162
専業農家……126
洗濯機……16, 26, 35, 45, 46, 48, 49, 53, 54, 64, 67, 71, 82, 85, 121, 134, 136, 141, 219
占領（——軍，——政策）……21, 44, 130, 132

構造改革派（構改派）……163, 164, 180
高速道路……58, 59
公定価格……18, 21
高度大衆消費社会……44, 218, 219
幸福度（経済的な——）……214
合理化……79, 80, 96, 163
合理化投資……163
小売店……98
講和条約〔サンフランシスコ講和条約〕……21, 159
国際収支の天井……146, 151, 166
国内総生産……16, 214　→GDP
国民医療費……198
国民健康保険法……196
国民所得……4, 171
国民総生産……16, 213　→GNP
小作農……22
五五年体制……159
固定相場制……146, 182
後藤誉之助……74
コマーシャル・ソング（CMソング）……64, 69
小松廣……88, 89
御用聞き……98, 111
雇用動向調査……108, 111
今和次郎……23

◉さ行

サービス（——産業）……97, 118, 179
財産税……20
再軍備……159, 161, 166
在宅通勤（——型）……118, 141
財閥解体……17, 19
向坂逸郎……164
佐藤栄作……182
サラリーマン……4, 30, 56, 112, 113, 145
産業構造の転換……140, 219
三C……67, 68
三種の神器……45, 46, 67, 141
三大都市圏……102, 104, 118, 120, 122-124
三ちゃん農業……126
三洋電機……77
自営業者……21, 144, 196
自給自足……26-28
自作農……23
自宅出産……37, 194
疾病率……191
市電……39, 57
自動車（車）……44, 57, 58, 67, 82, 86, 219
自動車産業……150
地盤沈下……201
死亡率……191, 193, 198
資本……97, 123
資本家……180
資本主義……177, 180, 213
自民党……161, 162, 177, 180
下村治……167
社会資本整備……125, 181
社会主義（——社会, ——諸国）……159, 177, 180, 218
社会主義運動……158, 162

貸家……34
過疎……122, 125
家電……85, 86
カラー・テレビ……67, 69
川上産業……86
川崎……204
川崎製鉄……78, 80
川下産業……86, 134
為替レート……4, 132, 147
環境庁……207
環境破壊……6, 7, 208
韓国……140, 218
樺美智子……162
機械産業……86, 89, 94, 142, 143
機械設備……89, 91, 98, 123
基幹工／養成工……106
岸信介（――内閣）……159-161, 166, 171
技術開発……78, 81
技術革新……74-77, 80, 82, 84-86, 88, 89, 91, 92, 94, 99, 113, 130, 134, 142, 143, 152, 163, 219　→イノベーション
「技術者が足りない」……93
技術提携……78
キッシンジャー, ヘンリー……182
狂乱物価……138, 184
寄与率（経済成長への――, 純輸出の――）……149
近代化……31, 75, 80, 91, 98, 130, 132-134, 191, 217, 219, 220
金・ドル本位制……182
「金の卵」……106
超金融緩和……138
金融緊急措置……18
金融引き締め……146
勤労（者）世帯……46, 49, 56, 67, 145
クーラー……67
「くたばれGNP」……215
景気（――循環）……147, 149
『経済実相報告書』……17
経済審議会……171, 175
経済成長率……121, 137-139, 149
経済闘争……162, 163, 177, 179
経済白書……17, 74, 86, 151, 226
警職法（警察官職務執行法）……160, 161
傾斜生産方式……95
結核……192
月給二倍論……171
健康保険……192, 194
建設ラッシュ……58, 60, 184
減反政策……127
憲法改正……159, 161, 166
原油価格……138-140
公害（――問題, ――病）……181, 201, 204, 207, 209, 216, 220
公害対策基本法……207
光化学スモッグ……208
工業化……80, 123, 155
工業団地……122, 205
工場誘致……206
抗生物質……192

索引

◉あ行

アイビー・ルック……68
足尾銅山の鉱毒事件……201
アメリカン・ライフ……219
有澤廣巳……165
安定成長（——期）……137, 149
安保条約, 安保〔日米安全保障条約〕……97, 160-162, 166, 171
家制度……17, 26
池田勇人（——内閣）……126, 158, 166, 167, 171, 173-175, 184
いざなぎ景気……68, 70, 81, 116
一億総白痴化……52
一次産業（第——）……3, 4, 21
一万田尚登……78
イトーヨーカ堂……98
稲尾和久……50
イノベーション……74, 99, 167, 230
医療保険……196
岩国……204
岩戸景気……68, 156
インスタント食品……64
インド……186, 218
インフレーション, インフレ……18, 19, 22, 30, 34, 133, 138, 139, 146, 152, 155, 184
埋め立て……58, 59, 205
映画……37, 49, 50
江田三郎……164
エネルギー革命……82, 96, 97, 99, 164, 219
エネルギー源……26, 95
エンゲル係数……29, 71
円高……69
円安……143
オイル・ショック（第一次——, 第二次——）……69, 82, 87, 103, 138-141, 143
大宅壮一……52
オフ・ザ・ジョブ・トレーニング……106
オリンピック（東京——）……58-60, 63, 103, 116, 158, 175
卸売物価（——指数）……152, 155

◉か行

外貨……69, 146
海外旅行……69, 70
階級闘争路線……163, 164
街頭テレビ……49-51, 54
皆保険（国民——）……196, 198
「科学技術者養成拡充計画」……92
核家族（——世帯）……56, 120, 134
革新（——知事, ——都政）……181
学歴……88
家計（——調査）……56, 145
貸本屋……39

『高度成長　日本を変えた六〇〇〇日』
一九九七年　読売新聞社刊

文庫化にあたり、加筆修正をいたしました。本文中の写真は特記のないかぎり、読売新聞社より提供を受けたものです。

本文デザイン　山田信也（Studio Pot）

中公文庫

高《こう》度《ど》成《せい》長《ちょう》

——日本《にほん》を変《か》えた六〇〇〇日《にち》

2012年４月25日　初版発行
2022年12月20日　３刷発行

著　者　吉《よし》　川《かわ》　洋《ひろし》

発行者　安 部 順 一

発行所　中央公論新社
〒100-8152　東京都千代田区大手町1-7-1
電話　販売 03-5299-1730　編集 03-5299-1890
URL https://www.chuko.co.jp/

ＤＴＰ　嵐下英治
印　刷　三晃印刷
製　本　小泉製本

Published by CHUOKORON-SHINSHA, INC.
Printed in Japan　ISBN978-4-12-205633-6 C1133

中公文庫既刊より

各書目の下段の数字はＩＳＢＮコードです。978－4－12が省略してあります。

と-18-1
失敗の本質　日本軍の組織論的研究
戸部良一／寺本義也／鎌田伸一／杉之尾孝生／村井友秀／野中郁次郎

大東亜戦争での諸作戦の失敗を、組織としての日本軍の失敗ととらえ直し、これを現代の組織一般にとっての教訓とした戦史の初めての社会科学的分析。

201833-4

S-25-1
シリーズ日本の近代　逆説の軍隊
戸部　良一

近代国家においてもっとも合理的・機能的な組織であるはずの軍隊が、日本ではなぜ〈反近代の権化〉となったのか。その変容過程を解明する。

205672-5

S-24-7
日本の近代7　経済成長の果実　1955～1972
猪木　武徳

一九五五年、日本は「経済大国」への軌道を走り出す。日本人は何を得、何を失ったのか。高度経済成長期を現在の視点から遠近感をつけて立体的に再構成する。

205886-6

い-108-6
昭和16年夏の敗戦　新版
猪瀬　直樹

日米開戦前、総力戦研究所の精鋭たちが出した結論は「日本必敗」。それでも開戦に至った過程を描き、日本的組織の構造的欠陥を衝く。〈巻末対談〉石破　茂

206892-6

き-46-1
組織の不条理　日本軍の失敗に学ぶ
菊澤　研宗

個人は優秀なのに、組織としてはなぜ不条理な事をやってしまうのか？　日本軍の戦略を新たな経済学理論で分析、現代日本にも見られる病理を追究する。

206391-4

フ-13-1
藁のハンドル
ヘンリー・フォード
竹村健一　訳

20世紀初頭、自動車産業に革命をもたらしアメリカ社会を一変させたヘンリー・フォードが、その経営思想と大衆社会への夢を情熱溢れる筆致で紡ぐ自伝。

203985-8

さ-48-1
プチ哲学
佐藤　雅彦

ちょっとだけ深く考えてみる――それがプチ哲学。書き下ろし「プチ哲学的日々」を加えた決定版。考えることは楽しいと思える、題名も形も小さな小さな一冊。

204344-2